AF275169

18,00

Disfrute gratuitamente **DURANTE UN AÑO** de los eBook y audiolibros de las obras de Editorial Colex*

⊚ Acceda a la página web de la editorial **www.colex.es**

⊚ Identifíquese con su usuario y contraseña. En caso de no disponer de una cuenta regístrese.

⊚ Acceda en el menú de usuario a la pestaña «Mis códigos» e introduzca el que aparece a continuación:

RASCAR PARA VISUALIZAR EL CÓDIGO

⊚ Una vez se valide el código, aparecerá una ventana de confirmación y su eBook y/o audiolibro estará disponible **durante 1 año desde su activación** en la pestaña «Mis libros» en el menú de usuario.

---

* Los audiolibros están disponibles en las ediciones más recientes de nuestras obras. Se excluyen expresamente las colecciones «Códigos comentados», «Biblioteca digital» y los productos de www.vademecumlegal.es.

¡Gracias por confiar en nosotros!

La obra que acaba de adquirir incluye de forma gratuita la versión electrónica. Acceda a nuestra página web para aprovechar todas las funcionalidades de las que dispone en nuestro lector.

Funcionalidades eBook

Acceso desde cualquier dispositivo con conexión a internet

Idéntica visualización a la edición de papel

Navegación intuitiva

Tamaño del texto adaptable

Síguenos en: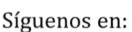

LA CLÁUSULA «REBUS SIC STANTIBUS»

Todas las claves de los principios del
derecho contractual con especial referencia
a la cláusula «rebus sic stantibus»

LA CLÁUSULA «REBUS SIC STANTIBUS»

Todas las claves de los principios del derecho contractual con especial referencia a la cláusula «rebus sic stantibus»

2.ª EDICIÓN 2024

Obra realizada por el Departamento de Documentación de Iberley

COLEX 2024

© Editorial Colex, S.L.
Calle Costa Rica, número 5, 3.º B (local comercial)
A Coruña, 15004, A Coruña (Galicia)
info@colex.es
www.colex.es

I. S. B. N.: 978-84-1194-662-9
Depósito legal: C 1443-2024

SUMARIO

ANEXO I.
CASOS PRÁCTICOS

ANEXO II.
FORMULARIOS

0.
INTRODUCCIÓN CLÁUSULA
REBUS SIC STANTIBUS

Cláusula *rebus sic stantibus*: concepto y aplicación

Los contratos suscritos libremente por las partes en virtud de la autonomía de la voluntad deben cumplirse en los términos que se hayan establecido, conforme al principio *pacta sunt servanda*. Sin embargo, la jurisprudencia ha reconocido una excepción: la cláusula *rebus sic stantibus*.

Esta cláusula supone que puedan modularse las estipulaciones contractuales inicialmente pactadas por las partes como consecuencia de un cambio en las condiciones que existían en el momento de la formalización del contrato. Para que pueda aplicarse la cláusula *rebus sic stantibus* debe producirse una alteración extraordinaria, imprevisible y sobrevenida de las circunstancias en el momento de cumplir el contrato en relación con las concurrentes al tiempo de su celebración y, esta alteración, ha de producir una desproporción exorbitante entre las prestaciones de las partes contratantes.

La nota de imprevisibilidad de la alteración en las circunstancias no queda determinada por el carácter fortuito de la misma, sino que ha de realizarse un juicio de tipicidad contractual derivado de la base del negocio y especialmente del marco establecido respecto a la distribución del riesgo natural del contrato. En consecuencia, deben excluirse de la aplicación de la cláusula los riesgos que deriven de la naturaleza y el sentido de la relación obligatoria.

Otro requisito necesario para la aplicación de la cláusula *rebus sic stantibus* es que la alteración de las circunstancias haya ocasionado un desequilibrio importante entre las prestaciones de las partes: que altere la base del negocio produciendo la frustración de la finalidad del contrato o un perjuicio grave y excesivamente oneroso para una de las partes. La excesiva onerosidad puede venir determinada por:

- Una frustración de la finalidad económica del contrato (es decir que afecte a su viabilidad).
- Una alteración significativa o ruptura de la relación de equivalencia de las contraprestaciones (es decir, que afecte a la conmutatividad).

Para la aplicación de la cláusula *rebus sic stantibus*, son posibles dos vías:

- Mediante acuerdo alcanzado entre las partes formalizado en documento de novación contractual o, en su caso, de resolución. Este acuerdo encuentra su fundamento en el art. 1255 del CC que consagra la libertad de pactos en virtud del principio de autonomía de la voluntad.

- Solicitud al juzgado, que se realizará por medio de demanda para la modificación o resolución del contrato. En caso de que se acuda a la vía judicial se puede instar, con anterioridad a la presentación de la demanda o de manera simultánea con la misma, que se adopten medidas cautelares.

La cláusula «*rebus*» posibilita que ante las nuevas circunstancias se acuerde la modificación, suspensión o resolución del contrato. Ahora bien, el Tribunal Supremo ha señalado que, en todo caso, debe respetarse el principio de conservación que se deduce del art. 1284 del CC, por lo que las decisiones de resolución del contrato deben ser excepcionales quedando reservadas a los casos más graves.

Es importante diferenciar la cláusula *rebus sic stantibus* de otras figuras contractuales afines como son la imposibilidad sobrevenida de la prestación y los supuestos de resolución de la relación obligatoria:

- La diferencia con la imposibilidad sobrevenida es que la cláusula *rebus sic stantibus* no se fundamenta en si el deudor puede o no cumplir, sino que basta que se verifique un cambio en las circunstancias.

- La resolución contractual atiende a la quiebra o frustración de la finalidad práctica o resultado buscado por las partes, mientras que la *rebus sic stantibus* atiende a la quiebra o frustración de la conmutatividad y onerosidad contractual sobre la que se diseñó el resultado práctico querido por las partes.

1.
LOS PRINCIPIOS GENERALES
DEL DERECHO CONTRACTUAL

¿Qué principios rigen en el ámbito del derecho contractual?

En virtud del **art. 1254 del Código Civil** podemos definir los contratos como el acto jurídico en el que una o varias personas consienten en obligarse, respecto de una u otras a dar alguna cosa o prestar algún servicio.

El Código Civil dedica su título II, del libro cuarto a la regulación de los contratos (**arts. 1254** a **1314 del CC**), siendo muy importante tener claro cuáles son los principios que regulan esta materia y qué papel juegan en los contratos para evitar efectos indeseados.

Si bien los principios generales del derecho son definidos por el *DEJ RAE* como «Valores deducidos de los propios procesos aplicativos de las normas positivas, que contribuyen a orientar su aplicación ajustada a los ideales de justicia, a las convicciones sobre lo justo, que mantiene la comunidad en cada momento, y que expresan los jueces y demás operadores jurídicos principales», los principios del derecho contractual son valores que deben ser tenidos en cuenta a la hora de aplicar la normativa específica en la materia.

Podemos destacar como principios reguladores de los contratos los siguientes:

- La **libertad de contratación**. Esta libertad de contratación, o autonomía de la voluntad, conlleva que en principio las partes tengan plena libertad sobre la decisión de contratar o no y sobre la elección del tipo contractual, además de tener también libertad para modificar el contenido de los contratos típicos, si bien hay que tener en cuenta que existen unos límites a este principio, ya que los contratos no podrán ser contrarios a la ley, la moral ni al orden público.

- El **principio de *pacta sunt servanda***. El principio de obligatoriedad supone que los contratantes están obligados a cumplir lo estipulado en el contrato. La obligatoriedad de los contratos puede encontrarse en la voluntad contractual, de forma que las voluntades independientes de los contratantes, en el momento de declararlas y perfeccionar el contrato, coinciden, y se funden dando lugar a la *lex privata* que regirá entre ellos.

- El **principio de irrevocabilidad.** Se establece en los **arts. 1091, 1256, 1258 del Código Civil**. De entre los mencionados preceptos legales, hay que destacar lo contenido en el art. 1091 de Código Civil, el cual afirma que las obligaciones que nacen de los contratos tienen fuerza de ley entre las partes contratantes, y deben cumplirse a tenor de los mismos.

- El **principio de relatividad.** Este principio señala que la reglamentación que crean, ya sean derechos, facultades u obligaciones no les es aplicable a los terceros ni en su provecho ni en su daño. Pues, tal y como dispone el **art. 1257 de Código Civil**, los contratos solo producen efectos entre las partes que los otorgan y sus herederos; salvo, en cuanto a éstos, el caso en que los derechos y obligaciones que proceden del contrato no sean transmisibles, por su naturaleza, por pacto o por disposición de la ley. Si el contrato contuviese alguna estipulación en favor de un tercero, este podrá exigir su cumplimiento, siempre que hubiese hecho saber su aceptación al obligado antes de que haya sido aquélla revocada.

- La **buena fe.** Este principio implica que deba excluirse del ámbito de los contratos toda aquella mentira o información falsa con relación a las obligaciones que se contraten, evitando cualquier tipo de engaño. Este principio aparece expresamente mencionado en el **art. 1258 del Código Civil**, según el cual los contratos obligan no solo al cumplimiento de lo pactado, sino también a las consecuencias derivadas de la buena fe, el uso y la ley.

- La **conmutatividad de los contratos.** La conmutatividad o reciprocidad de los contratos conlleva que cuando estemos ante un contrato oneroso las posibles dudas de interpretación se resuelvan a favor de la mayor reciprocidad de intereses (**art. 1289 del CC**).

1.1. La libertad de contratación

El principio de autonomía de la voluntad o libertad de contratación

Nuestro ordenamiento jurídico reconoce la facultad para que toda persona pueda contratar con libertad, creando sus propias obligaciones y derechos, con ciertas limitaciones, es decir, pueden decidir si quieren contratar o no y pueden elegir sobre el contenido de esos contratos.

Tal y como se recoge en la **sentencia de la Audiencia Provincial de Madrid n.º 64/2024, de 7 de febrero, ECLI:ES:APM:2024:2031**: «uno de los principios básicos en el que se apoya todo el derecho de contratación es el de autonomía de la voluntad, que se manifiesta en la *libertad que debe presidir todo contrato para que sus sujetos puedan o no concertarlo y fijar su contenido*».

La base de la teoría general de los contratos en nuestro derecho es el principio de la **autonomía de la voluntad**. El principio de libertad contractual, o autonomía de la voluntad, implica el reconocimiento de un poder de autorregular los propios objetivos e intereses que las partes desean. Los contratos tendrán pues, su fundamento en este principio de autonomía de la voluntad, lo que significa que:

- En primer lugar, el individuo tiene plena libertad de decidir si contratar o no contratar.
- En segundo lugar, las partes tienen total libertad de elección del tipo contractual.
- En tercer lugar, las partes podrán celebrar libremente contratos atípicos (dentro de los límites del **art. 1255 del Código Civil**).
- Y, en cuarto lugar, las partes tienen la capacidad para modificar el contenido de los contratos típicos (si es que la norma tiene carácter dispositivo).

La **sentencia del Tribunal Supremo n.º 130/2022, de 21 de febrero, ECLI:ES:TS:2022:696** alude al fundamento constitucional de este principio en los siguientes términos:

> «El principio de la autonomía privada tiene su fundamento positivo en el art. 1 de la CE, que proclama la libertad como valor superior del ordenamiento jurídico, así como, en el art. 10 de la referida Carta Magna, en tanto en cuanto reconoce el derecho al libre desarrollo de la personalidad y a la dignidad humana, y, por ende, a establecer los pactos que se consideren convenientes para configurar las relaciones jurídicas privadas».

Pese lo anterior, hay que tener en cuenta que la libertad contractual no puede ser infinita, ya que el propio **art. 1255 del Código Civil** establece una serie de **límites para la autonomía** al disponer que la actuación de las partes no podrá ser contraria a las leyes, a la moral ni al orden público:

> «Los contratantes pueden establecer los pactos, cláusulas y condiciones que tengan por conveniente, siempre que no sean contrarios a las leyes, a la moral ni al orden público».

En primer término, en cuanto a la **ley**, se refiere a las normas de carácter imperativo, para las que su inobservancia supone la sanción de nulidad. La ley imperativa podemos encontrarla, por ejemplo, en el **art. 1654 del Código Civil** que suprime el contrato de subenfiteusis.

En segundo término, en cuanto a la **moral**, esta es un conjunto de convicciones de orden ético y de valor del mismo tipo. Al establecerse la moral como límite de la autonomía de la voluntad contractual, quedan impedidos los contratos inmorales. La inmoralidad del contrato afecta a la causa del mismo y lo hace nulo. Asimismo, el **art. 1271 del Código Civil** prohíbe que puedan ser objeto de contrato los servicios contrarios a las buenas costumbres.

Por último, en tercer término, el **orden público** es el último de los límites que el **art. 1255 del Código Civil** impone a la autonomía de la voluntad contractual. Por orden público debemos entender la organización general de la sociedad y los principios por los que se rige. Este límite significa que, a falta de normas legales imperativas, las materias relativas al orden público quedan sustraídas a la disponibilidad de los particulares.

CUESTIONES

1. ¿Qué ocurre con los pactos que no respeten estos límites?

Lo actos que superen estos límites deben calificarse de nulos de pleno derecho, y así lo establece la STS n.º 413/2012, de 2 de julio, ECLI:ES:TS:2012:6807.

Sobre el principio de la autonomía de la voluntad se pronuncia la sentencia de la Audiencia Provincial de La Rioja n.º 166/2024, de 11 de abril, ECLI:ES:APLO:2024:258, relacionándolo con el principio *pacta sunt servanda* y señalando que:

«como todos los contratos, está regido por el principio "pacta sunt servanda" consagrado en el artículo 1.091 del Código Civil, al expresar que las obligaciones que nacen de los contratos tienen fuerza de ley entre las partes contratantes y deben cumplirse al tenor de los mismos. En su virtud, siendo el contrato "lex inter partes" habrá que estar a lo dispuesto en sus estipulaciones en méritos del principio de autonomía de la voluntad que recoge el artículo 1.255 del Código Civil, al señalar que los contratantes pueden establecer los pactos, cláusulas y condiciones que tengan por conveniente, siempre que no sean contrarios a las leyes, a la moral, ni al orden público (Sentencias del Tribunal Supremo de 16-3-95, 29-11-96 y 13-7-07).

Por lo tanto, la regulación de las prestaciones en el contrato que nos ocupa está regida primera y principalmente por lo que ambas partes convinieron al suscribir el contrato, cuya validez no ha sido cuestionada».

2. Cuando en un contrato las partes acuerdan incluir una cláusula penal, ¿se entiende que se encuentran facultadas para ello en base al principio de autonomía de la voluntad de las partes?

Sí, y así lo han recogido nuestros tribunales en numerosas sentencias, pudiendo citar, a modo de ejemplo, la STS n.º 317/2022, de 20 de abril, ECLI:ES:TS:2022:1552, o la sentencia de la Audiencia Provincial de Lugo n.º 128/2024, de 14 de marzo, ECLI:ES:APLU:2024:182, pudiendo leer en esta última que:

«la cláusula penal objeto de dicho procedimiento resultaba válida de acuerdo al principio de autonomía de la voluntad del artículo 1.255 del Código Civil, y se estimó que en dicho caso no resultaba procedente moderar la cláusula penal. Decíamos lo siguiente en dicha sentencia de 4 de octubre de 2017: "En todo caso, lo cierto y relevante es que no apreciamos la concurrencia en el caso sometido a nuestra consideración de ningún vicio en el consentimiento, ni tampoco infracción de ninguna norma imperativa o prohibitiva, ni la concurrencia en el contrato suscrito o en la cláusula litigiosa de un desproporcionado desequilibrio vulnerador del principio de la buena fe, abuso o ejercicio antisocial del derecho que pudiera justificar de algún modo la nulidad declarada en la sentencia de la cláusula indicada».

Hay que tener en cuenta que en este tipo de cláusulas también deben observarse los límites impuestos al principio de libertad de contratación, y en este sentido cabe citar la sentencia de la Audiencia Provincial de Pontevedra n.º 100/2024, de 28 de febrero, ECLI:ES:APPO:2024:597, en la que se recuerda que: «del propio art. 1255 del CC (EDL 1889/1) se deriva que la posibilidad de estipular cláusulas penales con función punitiva está sujeta a los límites generales de la autonomía privada que establece dicho precepto».

A TENER EN CUENTA. Además de los límites expuestos a la autonomía de la voluntad, existen unos **requisitos que han de concurrir en los contratos para que estos puedan entenderse válidos**. Estos requisitos son los llamados elementos esenciales de los contratos, que son el consentimiento (necesidad de que los contratantes tengan la misma voluntad de contratar y que ésta sea exteriorizada de modo que ambas partes se obliguen a dar, hacer o no hacer algo), el objeto (podrán ser objeto del contrato todas las cosas susceptibles de valoración económica y que no estén fuera del comercio de los hombres, así como todos los servicios que no sean contrarios a la ley ni a la moral) y la causa (el motivo que ha llevado a las partes a celebrar el contrato. El requisito principal de la causa es que no sea ni ilícita ni falsa, ya que estaríamos ante un contrato inválido), y en su caso, la forma. Lo anterior está recogido en el **art. 1261 del Código Civil**, cuando expresa que no habrá contrato sino cuando concurran los requisitos de consentimiento de los contratantes, objeto cierto que sea materia del contrato y causa de la obligación que se establezca.

En cuanto a la **forma**, aunque rige en nuestro derecho el principio de **libertad de forma** en virtud del **art. 1278 del CC**, hay determinados tipos negociales que exigen que se observen una serie de requisitos formales para que el contrato pueda ser válido y entrar en el juego del tráfico jurídico, como sería el caso de los contratos contenidos en el **art. 1280 del Código Civil** que exigen para su perfección la constancia en documento público.

CUESTIÓN

¿Son válidos los contratos verbales celebrados en virtud de esta libertad de forma?

Sí, y así lo admiten nuestros tribunales. Un ejemplo podemos encontrarlo en la **sentencia de la Audiencia Provincial de las Islas Baleares n.º 579/2023, de 12 de diciembre, ECLI:ES:APIB:2023:3273**, que establece que «cuando se trata de modificar o novar un documento contractual, **convendría** hacerlo **por escrito para facilitar su prueba**, lo que no quiere decir que el acuerdo verbal no sea válido y eficaz, ya que en nuestro ordenamiento rige el principio de libertad de forma en los contratos (arts. 1.278 y siguientes del Código Civil)».

RESOLUCIÓN RELEVANTE

Sentencia de la Audiencia Provincial de Madrid n.º 103/2024, de 28 de febrero, ECLI:ES:APM:2024:3203

Asunto: La interpretación de voluntad de las partes

«A dichos efectos, hemos de tener en cuenta que las estipulaciones incluidas en los contratos han sido establecidas por las partes, en función del principio de autonomía de la voluntad, consagrado en nuestro Código Civil, recogido en su artículo 1.255, que dispone: "los contratantes pueden establecer los pactos, cláusulas y condiciones que tengan por conveniente, siempre que no sean contrarios a las leyes, a la moral, ni al orden público", quedando sujetas ambas partes a la observancia de los mismos, puesto que los contratos son obligatorios, no pudiendo dejarse su validez y cumplimiento al arbitrio de uno de los contratantes, de acuerdo con lo preceptuado en el artículo 1.256 C.Civil.

Para determinar cuál ha sido la intención de los contrates, ha de estarse al tenor literal de contrato, según indica el párrafo primero del artículo 1.281 C.Civil. A este respecto, se ha pronunciado el Tribunal Supremo en sentencia de 17 de mayo de

1.997, en los siguientes términos: "la prevalencia de la interpretación literal cuando el texto sea claro, teniendo en cuenta que las cláusulas del contrato eran claras y no dejaban dudas sobre la intención de los contratantes", añadiendo que "La interpretación del contrato —o de las cláusulas contractuales pretende la averiguación y comprensión del sentido y alcance del consentimiento, es decir, de las declaraciones de voluntad de las partes contratantes. El Código Civil da una serie de normas de interpretación a partir del artículo 1.281 combinando los criterios subjetivos (averiguación de la voluntad real o intención común de los contratantes) y objetivo (significado del objeto, de acuerdo con los usos de las declaraciones). El punto de partida de la interpretación es la letra de la cláusula o cláusulas del contrato, tal como dispone el primer párrafo del artículo 1.281: si los términos de un contrato son claros y no dejan duda sobre la intención de los contratantes se estará al sentido literal de sus cláusulas", abundando en dicha cuestión precisa que "Las normas o reglas interpretativas contenidas en los artículos 1.281 a 1.289, ambos inclusive del Código Civil, constituyen un conjunto subordinado y complementario entre sí, de las cuales tiene rango preferencial y prioritario la correspondiente al primer párrafo del artículo 1.281 de tal manera que si la claridad de los términos de un contrato no dejan duda sobre la intención de las partes, no cabe la posibilidad de que entren en juego las restantes reglas contenidas en los artículos siguientes, que vienen a funcionar con el carácter de subordinadas respecto de la que preconiza la interpretación literal". En la misma línea se pronuncia la sentencia de 3 de junio de 2.009. Si bien, no podemos obviar que "Para juzgar de la intención de los contratantes, deberá atenderse principalmente a los actos de éstos, coetáneos y posteriores al contrato" (art. 1.282 CC)».

1.2. El principio de obligatoriedad: *pacta sunt servanda*

La obligatoriedad de los contratos: el principio *pacta sunt servanda*

El **principio de obligatoriedad** supone que los contratantes están obligados a cumplir lo estipulado en el contrato. La obligatoriedad se encuentra ligada a la voluntad contractual existente entre las partes.

A lo largo de todo el Código Civil encontramos distintos artículos que aluden y reconocen esta obligatoriedad, pudiendo destacar en este sentido, el **art. 1278 del Código Civil**, al establecer que los contratos serán obligatorios, cualquiera que sea la forma en que se hayan celebrado, siempre que en ellos concurran las condiciones esenciales para su validez.

Igualmente, el **art. 1089 del Código Civil** indica que las obligaciones nacen de la ley, de los contratos, cuasi contratos y de los actos y omisiones ilícitos o en que intervenga cualquier género de culpa o negligencia. En lo que respecta al caso concreto de los contratos, el **art. 1091 del Código Civil** señala que las obligaciones que nacen de ellos tienen fuerza de ley entre las partes contratantes, y deben cumplirse al tenor de los mismos.

Finalmente, es preciso tener en cuenta que los contratos existen desde que una o varias personas consienten en obligarse, respecto de otra u otras, a dar alguna cosa o prestar algún servicio (art. 1254 del Código Civil), perfeccionándose estos por el mero consentimiento, lo que supone que desde entonces se obligan, no sólo al cumplimiento de lo expresamente pactado, sino también a todas las consecuencias que, según su naturaleza, sean conformes a la buena fe, al uso y a la ley (art. 1258 del Código Civil).

|| Pacta sunt servanda

Pacta sunt servanda es una locución latina que significa que los pactos suscritos libremente entre las partes en virtud del principio de autonomía de la voluntad obligan a los contratantes y deben cumplirse, pues las obligaciones nacidas de los mismos tienen fuerza de ley entre las partes. En este sentido la «lex privata» ha sido concebida como expresión de la potencialidad normativa creadora por los contratantes para reglamentar conforme a sus particulares intereses la relación jurídica contractual, respetando los límites impuestos a la autonomía de la voluntad, como dijo el **Tribunal Supremo en la sentencia n.º 1224/2009, de 12 enero, ECLI:ES:TS:2009:162**.

En nuestro derecho civil se constituye como uno de los principios fundamentales informadores de la teoría general de los contratos y fundamento del sistema contractual español. El Alto Tribunal ha reiterado de forma constante y unánime la importancia de este principio en nuestro ordenamiento (**STS n.º 236/2015, de 30 de abril, ECLI:ES:TS:2015:1702**):

> «Es un principio básico del Derecho civil, uno de los que éste se sustenta, creado como expresión de la potencialidad normativa creadora, como dice la sentencia de 12 enero 2009 y añade la de 19 abril 2010 que el sistema contractual español se fundamenta en la libertad de pacto, consagrada en el artículo 1255 del Código civil, lo que ratifica la del 17 diciembre 2010; la de 14 noviembre 2011 insiste en que de acuerdo con la norma del artículo 1091 del Código civil, pacta sunt servanda y al alcance normativo o interpartes de la cuestión litigiosa...».

El Código Civil consagra en el **artículo 1091** este principio al declarar que:

> «Las obligaciones que nacen de los contratos tienen fuerza de ley entre las partes contratantes, y deben cumplirse al tenor de los mismos».

Una vez que el contrato se perfecciona por el mero consentimiento, desde entonces (sin perjuicio de otros requisitos formales adicionales que pueda exigir el Código Civil), según dispone el **artículo 1258 del Código Civil** obliga al cumplimiento de lo expresamente pactado y también a todas las consecuencias que, según su naturaleza, sean conformes a la buena fe, al uso y a la ley.

Estos artículos se complementan con el **artículo 1278 del Código Civil** que dispone igualmente que los contratos serán obligatorios, cualquiera que sea la forma en que se hayan celebrado, siempre que en ellos concurran las condiciones esenciales para su validez.

Por lo tanto, una vez que el contrato se ha celebrado y perfeccionado con todos los requisitos necesarios, no puede ya dejarse al arbitrio de los contratantes y **debe cumplirse en todos sus términos**. En caso contrario, se aplicarían las penalizaciones previstas en los propios pactos suscritos entre las partes, o en su defecto, en las leyes especiales o en el **artículo 1124 del Código Civil** en cuya virtud: «La facultad de resolver las obligaciones se entiende implícita en las recíprocas, para el caso de que uno de los obligados no cumpliere lo que le incumbe (…)».

Este principio de inalterabilidad del contrato y de estricto cumplimiento impide que las partes puedan, si no es a través del mutuo acuerdo sin perjuicio de tercero (**artículo 1255 del Código Civil**), modificar o resolver el contrato. Las partes no podrían, entonces, unilateralmente apartarse de lo pactado libremente, pues según dispone el **artículo 1256 del Código Civil** «La validez y cumplimiento de los contratos no pueden dejarse al arbitrio de uno de los contratantes».

En palabras en su **sentencia de la Audiencia Provincial de Ourense n.º 196/2024, de 16 de mayo, ECLI:ES:APOU:2023:384** al referirse a la regla básica de la contratación que constituye el *pacta sunt servanda*, podemos decir que:

> «Conforme a ella los contratos son vinculantes y obligatorios para los contratantes y sus causahabientes y han de cumplirse "al tenor de los mismos", por ser la voluntad de las partes la *lex privata* del contrato. Los artículos 1.256 y 1258, ambos del código civil, reiteran este principio, al prohibir que la validez y el cumplimiento de los contratos se deje al arbitrio de uno de los contratantes y al disponer que perfeccionado el contrato por el mero consentimiento obliga desde entonces al cumplimiento de lo expresamente pactado».

Por su parte la también se refiere a esta regla en su **sentencia de la Audiencia Provincial de A Coruña n.º 384/2022, de 1 de diciembre, ECLI:ES:APC:2022:3118**, estableciendo que la misma: «impone la obligatoriedad de lo convenido y consiguiente sujeción de sus efectos determinada por la circunstancia de que las partes han aceptado libremente el contenido del contrato y las limitaciones que de él se derivan, no siendo admisible que pueda quebrantarse la confianza que cada contratante ha suscitado en el otro con la promesa realizada. Dicha inalterabilidad se proclama en el art 1091 con la declaración de que el contrato "tiene fuerza de ley entre las partes"».

JURISPRUDENCIA

Auto del Tribunal Supremo, rec. 3596/2021, de 12 de abril, ECLI:ES:TS:2023:4079A

Asunto: Posibilidad de acudir a casación alegando principios generales como el *pacta sunt servanda*.

«La recurrente basa el motivo del recurso en la cita acumulada de preceptos (hasta diez). Entre ellos refiere la infracción del art. 434 CC sobre el poseedor de buena fe, art. 1091 CC sobre la fuerza vinculante de las obligaciones que nacen de los contra-

tos, art. 1195 CC en materia de compensación, art. 1256 CC validez y cumplimiento de los contratos, art. 1258 sobre la perfección y consecuencias obligatorias de los contratos, art. 1261 CC requisitos de los contratos, arts. 1265 a 1268 CC vicios del consentimiento y art. 1278 CC sobre libertad de forma de los contratos, lo que no es admisible en casación. Asimismo, muchos de estos preceptos, por su carácter genérico, son inadecuados para fundamentar el recurso. Así sucede con el art. 1091 CC, respecto del cual tiene dicho esta Sala con reiteración que no puede, como regla general, servir de fundamento a un recurso de casación, dado su carácter genérico, pues no se vulnera el principio pacta sunt servanda [los pactos deben cumplirse], del que es expresión el citado precepto del CC, más que cuando el tribunal cuya sentencia se somete a examen ha desconocido la obligatoriedad del contrato (SSTS, de 10 de mayo de 2006, RC n.º 3184/1999, 22 de junio de 2006, RC n.º 4210/1999, 20 de julio de 2006, RC n.º 3121/1999, 24 de octubre de 2006, RC n.º 2624/1999 y 7 de febrero de 2007, RC n.º 1435/2000), pero no cuando incurre en posibles ilegalidades relativas a su interpretación o aplicación si el recurrente no determina con precisión los preceptos legales infringidos en relación con estas concretas infracciones. Lo mismo pasa con aquellos preceptos referidos a los requisitos de validez de los contratos, que no pueden sustentar una infracción concreta además de no hacer posible la identificación del problema jurídico.

La STS 502/2013 de 30 de julio dice al respecto:

"[...]4.- Los motivos cuarto al octavo enuncian como infringidos una serie de artículos del Código civil relativos a formulaciones generales acerca de los contratos: artículo 1254, su definición legal; artículo 1255, principio de la autonomía de la voluntad; 1256, necesitas, esencia de la obligación; 1257, eficacia del contrato; 1258, perfección del contrato y principio de la buena fe, en relación con la doctrina de los actos propios.

Todos estos motivos se desestiman por la misma razón. El ser preceptos genéricos que no permiten vislumbrar dónde se halla la infracción. Se ha dicho anteriormente que una reiterada jurisprudencia ha insistido en que no caben motivos de casación fundados en preceptos genéricos; en relación con preceptos generales de los contratos se hallan las sentencias de 17 junio 2011, 20 octubre 2011, 2 diciembre 2011, 29 noviembre 2012, 19 abril 2013».

A TENER EN CUENTA. A pesar de la obligación de cumplir lo pactado hay que tener en cuenta que en determinadas circunstancias podría entrar en juego la **cláusula rebus sic stantibus** como una excepción a la rigidez del principio *pacta sunt servanda*.

1.3. Principio de irrevocabilidad

La irrevocabilidad como principio del derecho contractual

Íntimamente relacionado con el principio de obligatoriedad y la regla de *pacta sunt servanda* se encuentra el principio de irrevocabilidad del derecho contractual, ya que implica que, en virtud de la obligatoriedad de los contratos, estos solo podrán ser revocados por acuerdo de las partes.

Las partes una vez que han creado el contrato están obligados a actuar de acuerdo con lo pactado, de aquí el principio de fuerza obligatoria del contrato (**art. 1091 del Código Civil**), o *pacta sunt servanda,* el cual establece que la voluntad de las partes permanece inalterable.

¿Pueden entonces las partes revocar o modificar un contrato? Como regla general las partes no pueden salvo mutuo disenso.

Citando la **sentencia del Juzgado de lo Mercantil n.º 7 de Barcelona, n.º 188/2017, ECLI:ES:JMB:2017:4231**, podemos decir que el principio de irrevocabilidad «supone que el contrato debe mantener su rigor al margen de la voluntad discrecional de cualquiera de las partes de manera tal que el vínculo contractual no puede desaparecer por la sola voluntad de una de las partes, con las excepciones, recogidas en especial en materia de consumo, del llamado derecho de desistimiento a favor del consumidor».

El fundamento del principio de irrevocabilidad lo encontramos no solo en el mentado artículo 1091 del CC, sino también en el **art. 1256 del Código Civil**, que dispone que ni la validez ni el cumplimento de los contratos puede dejarse al arbitrio de uno de los contratantes.

La **sentencia de la Audiencia Provincial de Ourense n.º 278/2024, de 12 de abril, ECLI:ES:APOU:2024:363**, con relación a este artículo señala que:

> «En términos generales, perfeccionado un contrato, quedan los contratantes vinculados por aquel si concurren los requisitos propios para que surta su eficacia normalmente. El compromiso asumido por los contratantes los vincula, siéndoles jurídicamente exigible la observancia de la conducta debida a cada una de las partes. Por eso, no puede quedar al capricho de cada una de las partes determinar si el contrato celebrado produce o no sus efectos; consecuencia que viene descrita por el art. 1.256 CC cuando dispone que "la validez y el cumplimiento de los contratos no pueden dejarse al arbitrio de uno de los contratantes".
>
> Efectivamente, si en algún caso se dejara a la libre determinación, arbitrio o capricho de una o de cada una de las partes contratantes la producción de efectos de los contratos, en realidad se estaría admitiendo la ausencia de vinculación contractual, al no ser exigible jurídicamente la observancia de la prestación debida; bastaría con que el incumplidor adujera que hace uso de su facultad de desvincularse libre y unilateralmente del compromiso asumido.
>
> Por ello, si bien se admite en algunos contextos el desistimiento unilateral, éste ha de venir justificado por la naturaleza o las circunstancias del contrato».

CUESTIÓN

¿Pueden las partes acordar que el contrato quede sujeto a la voluntad de una de las partes condicionándolo a ciertos requisitos?

Para responder a esta cuestión podemos citar la **sentencia de la Audiencia Provincial de Madrid n.º 262/2023, 8 de junio, ECLI:ES:APM:2023:10844** en la que se dice que: «nada impide que las partes contratantes pacten que, el desistimiento unilateral de una de las partes contratantes, conlleve la extinción o resolución del vínculo contractual o bien condicionar, la extinción o resolución del vínculo contractual, a que el desistimiento unilateral de una sola de las partes contractuales se ajuste a unos requisitos pactados. En estos casos, tiene que estarse a lo pactado por las partes contratantes (artículos 1.091 del Código Civil)».

A pesar de ello esta regla general tiene excepciones. Como ejemplos de la excepción a la que se alude en el párrafo anterior, nos encontramos con el contrato de sociedad civil, de donación, de comodato, todos ellos contratos en los que la ley admite el desistimiento unilateral de uno de los contratantes.

Con la irrupción de los contratos celebrados fuera de establecimientos mercantiles o celebrados a distancia, la actual legislación protectora de los consumidores y usuarios, ha concedido a los mismos una especie de derecho de arrepentimiento, que le permite denunciar el contrato ya celebrado, y tal y como se recoge en la **sentencia de la Audiencia Provincial de Valencia n.º 490/2023, de 20 de diciembre, ECLI:ES:APV:2023:3780**: «El derecho de desistimiento es una modalidad de ineficacia que excepciona el principio de irrevocabilidad de los contratos (artículos 1.091, 1.256 y 1.258 CC), y que en la contratación con consumidores tiene un origen legal y convencional».

Otra de las excepciones se plantea con la influencia que puede ejercer en los contratos una modificación sobrevenida de las circunstancias en los que una alteración imprevista e imprevisible de las mismas al celebrarlo pueda llegar excesiva o extraordinariamente a perjudicar a una de las partes de seguir rigiendo el principio *pacta sunt servanda* por lo cual se revisará y ajustará la cláusula.

La teoría del riesgo imprevisible ha sido en el mayor de los casos aplicable por el principio o **cláusula *rebus sic stantibus***. Esta teoría da un fundamento subjetivo a la modificación de los contratos y considera que en la voluntad implícita de las partes en todos los contratos existe una cláusula con arreglo a la cual el contrato obliga mientras se mantenga el *statu quo*, es decir, mientras las cosas continúen así, tal y como fueran en el momento de contratar.

1.4. Ineficacia frente a terceros o principio de relatividad

El principio contractual de relatividad o ineficacia frente a terceros

En lo que respecta a la **relatividad** de los contratos habrá de estarse, fundamentalmente, por lo dispuesto en el **art. 1257 de Código Civil**.

En este sentido, la eficacia del contrato se despliega **entre las partes que lo celebran y sus herederos**, pues el mencionado artículo en su párrafo primero afirma que los contratos sólo producen efecto entre las partes que los otorgan y sus herederos; salvo, en cuanto a éstos, el caso en que los derechos y obligaciones que proceden del contrato no sean transmisibles, o por su naturaleza, o por pacto, o por disposición de la ley.

Si el contrato tuviese alguna estipulación en favor de un tercero, el párrafo segundo del mencionado precepto señala que éste podrá exigir su cumplimiento, siempre que hubiese hecho saber su aceptación al obligado con anterioridad a la revocación.

Se deduce, por lo tanto, que por regla general **no hay eficacia para los terceros**, ya que la fuerza vinculante de los contratos solo se aplica con relación a las partes, y no a los ajenos, a los que ni beneficia ni perjudica. Así, cuando hablamos del principio de eficacia relativa del contrato estamos señalando que la reglamentación que crea, ya sean derechos, facultades u obligaciones **no le es aplicable a los terceros**.

La **sentencia del Tribunal Supremo n.º 556/2021, de 21 de julio, ECLI:ES:TS:2021:3189**, indica, al respecto que «si el contrato es considerado como una manifestación de la autonomía privada en orden a la reglamentación de los propios intereses, resulta claro que dicha reglamentación ha de afectar, en línea de principio tan sólo a la esfera jurídica de sus *autores*, porque sólo respecto de ellos por hipótesis la autonomía existe». Lo mismo se deduce, también, del art. **1091 de Código Civil** al estipular que las obligaciones que nacen de los contratos **tienen fuerza de ley** entre las **partes contratantes**, y deben cumplirse al tenor de los mismo.

RESOLUCIÓN RELEVANTE

Sentencia de la Audiencia Provincial de Barcelona n.º 89/2024, de 15 de febrero, ECLI:ES:APB:2024:1359

Asunto: Análisis del principio de relatividad

«Y como dice la STS de 21 de julio de 2021 en cuanto a la relatividad de los contratos: "El principio de relatividad de los contratos, consagrado en el art. 1257 del CC, que dispone que "los contratos sólo producen efecto entre las partes que los otorgan y sus herederos", es reflejo de la regla latina res inter alios acta tertiis nec nocet nec prodest (lo convenido entre otros ni perjudica ni aprovecha a terceros), sin perjuicio de que los derechos y obligaciones nacidos de un contrato se transmitan por herencia, salvo que, por su naturaleza, por pacto o por ley, no sean susceptibles de tal transmisión, como expresa el segundo inciso del párrafo primero del precitado artículo 1257 CC.

De esta manera, la sentencia de pleno 167/2020, de 11 de marzo, señala que para los terceros, el contrato es res inter alios acta (cosa realizada entre otros) y, en consecuencia, ni les beneficia (nec prodest) ni les perjudica (nec nocet). Nadie puede ser obligado por un contrato en que no ha intervenido y prestado su consentimiento, ni sufrir las consecuencias negativas del incumplimiento en el que no ha tenido intervención.

La relatividad de los contratos es consecuencia de la exigibilidad del consentimiento contractual como elemento esencial de toda relación convencional (art. 1261 CC), de manera tal que el contrato sólo puede obligar a quien voluntaria y conscientemente se compromete a respetar las estipulaciones convencionales que lo constituyen, las cuales naturalmente no pueden afectar, ni son exigibles, al tercero que no las ha asumido, al no haber sido parte en tal relación jurídica constituida al amparo de la libre autonomía de la voluntad (art. 1255 CC), libertad de empresa (art. 38 de la Constitución, en adelante CE), o libre desarrollo de la personalidad (art. 10 CE). En definitiva, sólo el que consiente es titular de los derechos y obligaciones propias del contrato».

No obstante, tal y como podemos leer, por ejemplo, en la **sentencia del Tribunal Supremo n.º 494/2022, de 22 de junio, ECLI:ES:TS:2022:2619:** «tanto la doctrina como la jurisprudencia mantienen la relatividad de los efectos de los contratos, no de un modo general y abstracto, sino de manera concreta y muy determinada».

Con relación a este punto cabe recordar, que tal y como se recoge en la **sentencia de la Audiencia Provincial de Salamanca n.º 21/2024, de 24 de enero, ECLI:ES:APSA:2024:19:**

«Así, la STS de 8 abril de 2015, (Rc. 469/2013), transcrita en parte por la posterior STS 517/2015 de 6 de octubre y con cita de otras previas del mismo Tribunal, recuerda que a pesar de referido principio general establecido en el art. 1257 del Código Civil y de la literalidad del precepto, "el Tribunal Supremo, ya de antiguo (STS de 18 de abril de 1921), ha afirmado, interpretando el artículo 1257.1 del Código Civil Legislación citada CC art. 1257.1, que los sucesores a título singular ostentan el mismo carácter que sus causantes. **Afirma que el principio de relatividad no es tan absoluto que no pueda extenderse a personas que no han intervenido en lo pactado en el contrato** (STS 9 de febrero de 1965), así como que los causahabientes a título singular (compraventa) no son terceros (STS 1 de abril de 1977 y 24 de octubre de 1990), trascendiendo a estos los derechos y obligaciones del contrato, con excepción de los personalísimos, al penetrar los causahabientes en la situación jurídica creada mediante el negocio celebrado con el primitivo contratante (STS 2 de noviembre de 1981 y 27 de marzo de 1984 Jurisprudencia citada a favor STS, Sala de lo Civil, Sección: 1ª, 27/03/1984 El principio de relatividad no es tan absoluto que no pueda extenderse a personas que no han intervenido en lo pactado en el contrato así como que los causahabientes a título singular (compraventa) no son terceros trascendiendo a estos los derechos y obligaciones del contrato, con excepción de los personalísimos, al penetrar los causahabientes en la situación jurídica creada mediante el negocio celebrado con el primitivo contratante.).

(iv) Dentro de esta concreción, la doctrina y la jurisprudencia han centrado su atención en las adquisiciones a título singular y por actos inter vivos del dominio de un bien y los contratos que el causante hubiera celebrado con referencia al mismo antes de la trasmisión.

A pesar, pues, de la relatividad de los contratos, en ocasiones se ha impuesto al contratante la necesidad de soportar los efectos de aquellos contratos precedentes que celebró quien le trasmite, si influyen en el derecho que se le trasmite, razón por la que no se le reputa tercero en el orden civil (STS 5 de octubre de 1965).

La cuestión presenta un evidente punto de contacto con las obligaciones "*propter rem*" (por razón de la cosa) constituidos en función de la titularidad del derecho de propiedad sobre el bien, como añade las recientes sentencias de la Sala antes citadas, pues tales obligaciones van necesariamente unidas a una titularidad jurídico real, de modo que su vinculación para el adquirente es necesaria consecuencia de la trasmisión del derecho real. Ahora bien, tratándose de compromisos que afecten a la consistencia, existencia y demás circunstancias del derecho trasmitido, que se puedan tildar de reales se habrá de estar a las salvedades que procedan de la aplicación de principios hipotecarios, debiendo ser tenida en cuenta la protección registral o, al menos, el conocimiento por el causahabiente a título particular. (v)

De ahí que, planteándose la oponibilidad del contrato para que sea respetado por terceros, será preciso su publicidad o el conocimiento de aquel por éstos, según razona pormenorizadamente la sentencia de primera instancia."»

Es decir, a pesar del principio de relatividad hay que entender que **los sucesores a título singular se colocan en la posición de sus causantes.**

CUESTIÓN

¿Puede el subadquirente de una vivienda ejercitar acciones relativas a vicios en la cosa?

Sí, y así lo reconoce nuestro Alto Tribunal a través de la STS n.º 556/2021, de 21 de julio, ECLI:ES:TS:2021:3189, en la que se recoge que el principio de relatividad no es tan absoluto que no pueda extenderse a personas que no hayan intervenido en el contrato, y señala como ejemplo que: «Una manifestación al respecto fue reconocer la legitimación activa de los subadquirentes de una vivienda para ejercitar las acciones del art. 1591 del CC, relativas al contrato de ejecución de obra, por prestación defectuosa o vicios en la cosa, reconocida por las sentencias de 5 de mayo de 1961, 25 de octubre de 1975, 1 de abril de 1977, 3 de octubre de 1979, 30 de abril de 1982, 17 de junio de 1990, 3 de febrero de 1995 o, más recientemente, 597/2013, de 18 de octubre, actualmente consagrada de forma expresa en el art. 17 de la LOE».

1.5. Buena fe

El principio de buena fe aplicado al derecho contractual

El Diccionario del español jurídico de la RAE define la **buena fe** como: «Estándar de conducta ética que debe presidir el ejercicio de los derechos subjetivos y los procedimientos y prácticas administrativas y procesales».

Por su parte, el **art. 7.1 del Código Civil** es el encargado de trasladar este principio a nuestro ordenamiento al disponer que: «Los derechos deberán ejercitarse conforme a las exigencias de la buena fe». También el **art. 11.1 de la LOPJ** se refiere a la buena fe y establece que en todo tipo de procedimientos deberán respetarse las reglas de la buena fe.

Si bien no se trata de un principio exclusivo del derecho contractual, sí que cuenta con una importante trascendencia en este ámbito, ya que debe tenerse en cuenta no solo a la hora de celebrar el contrato, sino también a la hora de interpretarlo.

El **art.** 1258 del CC traslada este principio al ámbito contractual y establece que:

> «Los contratos se perfeccionan por el mero consentimiento, y desde entonces obligan, no sólo al cumplimiento de lo expresamente pactado, sino también a todas las consecuencias que, según su naturaleza, sean conformes a la buena fe, al uso y a la ley».

La **sentencia de la Audiencia Provincial de Madrid n.º 155/2024, de 22 de marzo, ECLI:ES:APM:2024:6055,** se pronuncia sobre la buena fe en el ámbito contractual, y recuerda que la misma conlleva un comportamiento que se ajuste a los criterios de honradez, justicia y lealtad.

> «Es indudable que cuando el artículo 7.1 del Código Civil exige que el ejercicio de los derechos se haga conforme a las exigencias de la buena fe se ha abierto una vía para introducir los principios éticos y morales de una sociedad en el mundo de derecho y así la sentencia del Tribunal Supremo de 1 de marzo de 2001 mantiene que esta "Sala viene reiterando que la exigencia de ajustar el ejercicio de los derechos a las pautas de buena fe constituye un principio informador de todo el ordenamiento jurídico que **exige rechazar aquellas actitudes que no se ajustan al comportamiento honrado y justo** (S. 11 de diciembre de 1989). El ejercicio de los derechos conforme a las reglas o exigencias de la buena fe (artículo 7.1 del Código Civil, artículo 11.2 LOPJ y 247 de la Ley de Enjuiciamiento Civil 1/2000) equivale a sujetarse en su ejercicio a los imperativos éticos exigidos por la conciencia social y jurídica de un momento histórico determinado, imperativo inmanente en el ordenamiento positivo (Sentencias 4 marzo 1985, 5 julio 1989, 6 junio 1991). Implica la necesidad de tomar en cuenta los valores éticos de la **honradez y la lealtad** (Sentencias 21 septiembre de 1987, 8 marzo 1991, 11 mayo 1992, 29 febrero 2000), es decir los **imperativos** éticos **que la conciencia social exige** (Sentencia 11 mayo 1988)"».

CUESTIÓN

¿La inclusión de una cláusula penal en un contrato se considera contraria a la buena fe?

Habrá que atender al caso contrario pero, en principio, no tiene por qué serlo. En este sentido la **sentencia de la Audiencia Provincial de Lugo n.º 128/2024, de 14 de marzo, ECLI:ES:APLU:2024:182,** recoge distintas alusiones a jurisprudencia en la que no se considera contraria a la buena fe por no provocar un desequilibrio desproporcionado entre las partes, no venir motivada la aceptación de la misma por una ineludible necesidad, estar redactada de forma clara...

Nuestro Alto Tribunal (**STS n.º 593/2016, de 5 de octubre, ECLI:ES:TS:2016:4271**) se refiere a este principio como fuente de integración normativa del contrato, y lo aplica en dos aspectos:

- Como sancionador de aquellos comportamientos que en la ejecución del contrato resulten contrarios a los deberes de lealtad y corrección debida respecto de lo acordado y de la confianza que razonablemente derivó de dicho acuerdo.

- Como principio que colma obligacionalmente las lagunas que presente la reglamentación contractual de las partes.

Destaca también el Tribunal Supremo que «*las obligaciones derivadas del principio de buena fe integran el contrato y, por tanto, su cumplimiento puede ser reclamado por vía de acción*».

CUESTIÓN

¿Está relacionado el principio de buena fe con la doctrina de los actos propios?

Sí, y así lo refleja, entre otras, la sentencia de la Audiencia Provincial de A Coruña n.º 258/2023, de 27 de junio, ECLI:ES:APC:2023:1648, en la que se señala que el principio de buena fe es el fundamento de la doctrina de los actos propios:

«*La doctrina de los propios actos tiene su fundamento en la protección de la confianza y en el principio de la buena fe. Se falta a esta última, en sentido objetivo, es decir, como exigencia de lealtad y honestidad en los tratos y en el ejercicio de los derechos (artículo 7.1 Código Civil) cuando se va contra la resultancia de los propios actos, pero ello exige que los actos propios sean inequívocos, en el sentido de crear, definir, fijar, esclarecer, modificar o extinguir una determinada situación que afecta jurídicamente a su autor, para lo cual es insoslayable el carácter concluyente e indubitado, con plena significación inequívoca, de modo que entre la conducta anterior y la pretensión actual exista una incompatibilidad o contradicción, con el sentido que, de buena fe, hubiera de atribuirse a la conducta anterior, por lo que no es de aplicación cuando los precedentes fácticos que se invocan tienen carácter ambiguo o inconcreto o carecen de trascendencia para producir el cambio jurídico y, aún menos, cuando el cambio de actitud obedece a una reacción ante nuevos hechos o actos.*

En tal sentido, la **sentencia n.º 76/2014, de la Sala de lo Civil del Tribunal Supremo, de 27 de febrero:**

" *Como afirma la sentencia de esta Sala núm. 169/2012, de 20 marzo, destacada doctrina científica afirma que "la prohibición de ir contra los actos propios, con la negativa de todo efecto jurídico a la conducta contraria, se asienta en la buena fe, en la necesidad de coherencia en el comportamiento para la protección a la confianza que un acto o conducta de una persona suscita objetivamente en otra u otras; el módulo regulador es la objetividad, o sea, el entendimiento o significado que, conforme con los criterios generales del obrar en el tráfico jurídico, ha de dársele a tal acto o conducta"; también, sostiene que "los presupuestos de aplicación de esta regla son los siguientes: 1º, que una persona haya observado, dentro de una determinada situación jurídica, una conducta relevante, eficaz y vinculante; 2º, que posteriormente esta misma persona intente ejercitar un derecho subjetivo o una facultad, con la creación de una situación litigiosa y formulando dentro de ella una determinada pretensión; 3º, que entre la conducta anterior y la pretensión posterior exista una incompatibilidad o contradicción, según el sentido que de buena fe hubiera de atribuirse a la conducta anterior; y 4º, que entre la conducta anterior y la pretensión posterior exista una perfecta identidad de sujetos". A lo que se añade que esta Sala tiene declarado que "para estimar que se ha infringido la doctrina de los actos propios, que encuentra su apoyo legal en el artículo 7.1 del Código Civil, ha de haberse creado quebranto del deber de coherencia en los comportamientos, y debe concurrir en los actos propios la condición de ser inequívocos, en el sentido de crear, definir, fijar, modificar o extinguir, sin ninguna duda, una precisada situación jurídica afectante a su autor, que ocasione incompatibilidad o contradicción entre la conducta precedente y la actual" (entre otras, SSTS de 30 de enero de 1999 y 25 de julio de 2000)"».*

RESOLUCIÓN RELEVANTE

Sentencia de la Audiencia Provincial de Zamora n.º 822/2021, de 7 de julio, ECLI:ES:APZ:2021:1775

Asunto: La buena fe como límite a la autonomía de la voluntad

«La sentencia TS de 8 de abril de 2011 afirma que, "sin duda, lo acordado por los interesados lo fue en virtud del principio de autonomía de la voluntad que se recoge en el artículo 1255 del Código Civil . Ahora bien, **este principio se desenvuelve con las limitaciones propias que imponen las exigencias de la buena fe o la prohibición del ejercicio abusivo de los derechos** - artículo 1258 CC ...".

La sent. TS de 16 de octubre de 2019 (Roj: STS 3240/2019) dice: "... como afirma la sentencia 130/2011, de 15 de marzo, si se aprecia mala fe o conducta desleal en el ejercicio del derecho, ello no obsta a la extinción del vínculo ... sin perjuicio de que dé lugar a una indemnización cuando se ocasionen daños y perjuicios"».

1.6. Conmutatividad de los contratos

El principio de conmutatividad o reciprocidad

Íntimamente ligado al principio de buena fe podemos encontrar el principio de **reciprocidad**. Las obligaciones recíprocas son aquellas en las que ambas partes se obligan bilateralmente, siendo ambas partes entre sí deudores y acreedores.

En primer lugar, este principio entra en juego en el ámbito de los contratos cuando nos referimos al incumplimiento de los mismos, ya que en virtud del principio de reciprocidad una parte puede negarse a cumplir su obligación si la otra parte tampoco cumple la suya.

Para definir la reciprocidad podemos aludir al **auto del Juzgado de lo Mercantil n.º 1 de A Coruña, rec. 15/2020, de 18 de septiembre, ECLI:ES:JMC:2020:37A**, en el que dice que:

«La STS de 19 de febrero de 2013, [RJ 2013/2568], se refiere a las consecuencias jurídicas que nuestro ordenamiento anuda a la reciprocidad de las obligaciones contractuales -entre ellas, la facultad resolutoria del artículo 1124 CC, el régimen especial de producción de la mora ex artículo 1100 CC o la posibilidad de oponer la *exceptio non adimpleti contractus* ante la pretensión de cumplimiento del contratante incumplidor- y acota la aplicación en concurso de la previsión de vigencia de los contratos con obligaciones recíprocas del artículo 61 LC a los contratos en los que la reciprocidad persiste en la fase funcional del vínculo:

"El Código Civil no define la reciprocidad, pero doctrina y jurisprudencia -que se han ocupado de ella, fundamentalmente, al tratar de las consecuencias que le están vinculadas- la hacen depender del contenido del vínculo y, claro está, de la repercusión que dicho contenido tiene en el funcionamiento de la relación. En definitiva, **cabe hablar de obligaciones** recíprocas cuando, (1º) con causa en un mismo negocio, (2º) nazcan deberes de prestación a cargo de las dos partes, que ocupan la doble posición de acreedora y deudora de la otra, siempre que (3º) exista entre las prestaciones una interdependencia o mutua condicionalidad, de modo que puedan entenderse conectadas por un nexo causal, determinante de que cada una esté prevista inicialmente y funcione como contravalor o contraprestación de la otra.

La reciprocidad no requiere equivalencia de valores, objetiva ni subjetiva, entre las dos prestaciones, pero sí que ambas tengan la condición de principales en el funcionamiento de la relación contractual de que se trate. Difícilmente cabrá advertir la condicionalidad entre una obligación principal y otra accesoria o secundaria.

La reciprocidad de los deberes de prestación puede ser advertida en la fase genética de la relación, esto es, en el momento de su nacimiento, con la perfección del contrato y la consiguiente creación de la regulación negocial o *lexprivata*"».

Además, el primer párrafo del **art. 1289 del Código Civil**, ubicado dentro de la regulación relativa a la interpretación de los contratos, establece que cuando se planteen dudas sobre circunstancias accidentales del contrato se resolverán:

- Si se trata de un contrato gratuito: en favor de la menor transmisión de derechos e intereses.

- Si se trata de un contrato oneroso: se resolverá en favor de la mayor reciprocidad de intereses.

A TENER EN CUENTA. Esto sólo resultará aplicable cuando se trate de interpretar cuestiones accidentales del contrato tales como el plazo, la existencia de una condición o similares, pero no permite interpretar cuestiones que afectan a elementos esenciales del contrato como son el objeto y la causa. En el caso de que se trate de elementos esenciales del contrato, habrá que estar a lo dispuesto en el segundo párrafo del mentado art. 1289 del CC, según el cual el contrato será nulo. (SAP de Ourense n.º 85/2024, de 5 de febrero, ECLI:ES:APOU:2024:59).

RESOLUCIÓN RELEVANTE

Sentencia de la Audiencia Provincial de Pontevedra n.º 217/2024, de 19 de abril, ECLI:ES:APPO:2024:870

Asunto: La reciprocidad en el incumplimiento contractual

*«La línea jurisprudencial en este sentido señala que, en materia de incumplimiento contractual, debemos partir del principio de **reciprocidad e interdependencia funcional** de las obligaciones sinalagmáticas o bilaterales, en las que **cada una de las partes es, al propio tiempo, acreedora y deudora de la otra**, y existe un mutuo condicionamiento o vinculación causal entre ellas, que persigue el mantenimiento del equilibrio patrimonial entre los contratantes. En virtud de este principio, puede el deudor negarse a efectuar la prestación que le corresponde hasta que la otra parte cumpla la suya, a través de la **excepción de contrato no cumplido** ("exceptio non adimpleti contractus"), que tiene acogida en nuestro derecho sustantivo con base en los arts. 1100, párrafo último, y 1124 del Código Civil».*

2.
LA CLÁUSULA
REBUS SIC STANTIBUS

La cláusula *rebus sic stantibus*

Los pactos contractuales libremente suscritos por las partes en virtud del principio de la autonomía de la voluntad deben respetarse y cumplirse, sin que puedan quedar al arbitrio de una de las partes (principio *pacta sunt servanda*). No obstante, nuestro ordenamiento jurídico contempla la posibilidad de que un cambio en las circunstancias pueda justificar la modificación, suspensión o incluso la resolución de las obligaciones, a través de la aplicación de la cláusula *rebus sic stantibus*.

Para explicar la cláusula *rebus sic stantibus* es preciso partir del principio fundamental de nuestro derecho contractual: *pacta sunt servanda,* ya que la cláusula de estudio supone una excepción al mismo.

Si bien los pactos suscritos libremente entre las partes en virtud del principio de autonomía de la voluntad obligan a los contratantes y deben cumplirse, existe la posibilidad de excepcionar esta norma cuando cambian sustancialmente las circunstancias y se vuelven de imposible cumplimiento para alguna de las partes.

2.1. Concepto y origen

Concepto

La locución latina *rebus sic stantibus* significa «estando así las cosas», por lo que su sentido viene dado porque las circunstancias concurrentes en un momento determinado de la vida del contrato impiden el cumplimiento estricto de sus obligaciones, es decir, excepcionan el *pacta sunt servanda* y limitan las cláusulas contractuales de la forma necesaria para adaptarse al nuevo contexto.

Esta cláusula puede definirse como una «figura de creación jurisprudencial que constituye una excepción al principio de obligatoriedad de los contratos regulado en el art. 1091 CC cuya aplicación *permite modular las estipulaciones contractuales inicialmente pactadas por las partes como consecuencia de un acontecimiento sobrevenido e imprevisible* y de determinadas circunstancias que provocan que el cumplimiento de un contrato devenga excesivamente oneroso o incluso inasumible para una de las partes» (**SAP de Barcelona n.º 255/2024, de 16 de abril, ECLI:ES:APB:2024:4464**).

Según diversas resoluciones judiciales el fundamento de la cláusula es el principio de buena fe, consagrado en el **artículo 7 del Código Civil** y en el ámbito contractual en el **artículo 1258 del Código Civil**. Así se ha pronunciado una de las primeras sentencias dictadas a raíz de la COVID-19, la **sentencia del Juzgado de Primera Instancia n.º 20 de Barcelona de 8 de enero de 2021, ECLI:ES:JPI:2021:1**: «El fundamento de esta cláusula, que es de creación jurisprudencial, es el artículo 7.1 Cc que establece que los derechos deben ejercitarse conforme a las exigencias de la buena fe y el artículo 1.258 Cc que, al fijar las obligaciones de los contratos, establece que obligan, no solo al cumplimiento de lo expresamente pactado, sino también a todas las consecuencias que, según su naturaleza, sean conformes a la buena fe, al uso y a la ley».

Tal y como recoge nuestro Alto Tribunal en la **STS n.º 1392/2008, de 15 de enero, ECLI:ES:TS:2008:829** estamos ante un «remedio equitativo al desequilibrio de las prestaciones por causas sobrevenidas en los contratos de tracto sucesivo».

CUESTIÓN

¿Cómo se valora la incidencia que determina el cambio de circunstancias?

El Tribunal Supremo en su **STS n.º 333/2014, de 30 de junio, ECLI:ES:TS:2014:2823**, estableció que:

*«Con carácter general, establecido el nexo entre el plano causal del contrato y la tipicidad contractual de la cláusula, la valoración de la incidencia que determina la mutación o el cambio de circunstancias, es decir, la posible alteración causal del contrato, se realiza de un **modo objetivado** mediante el recurso concorde de dos criterios de concreción de dicha tipicidad. Con el primero, a través de la doctrina de la base del negocio, se contrasta principalmente el alcance de dicha mutación o cambio respecto del sentido o finalidad del contrato y de la conmutatividad o equilibrio prestacional del mismo. De esta forma, el contraste de la denominada base objetiva del negocio nos permite concluir que la mutación o cambio de circunstancias determina la desaparición de la base del negocio cuando:*

- *La finalidad económica primordial del contrato, ya expresamente prevista, o bien derivada de la naturaleza o sentido del mismo, se frustra o se torna inalcanzable.*

- *La conmutatividad del contrato, expresada en la equivalencia o proporción entre las prestaciones, desaparece prácticamente o se destruye, de suerte que no puede hablarse ya del juego entre prestación y contraprestación.*

*Complementariamente, el contraste de la denominada **base subjetiva del negocio** nos permite llegar a idéntica conclusión en aquellos supuestos en donde la **finalidad económica del negocio** para una de las partes, no expresamente reflejada, pero*

> *conocida y no rechazada por la otra, se frustra o deviene inalcanzable tras la mutación o cambio operado.*
>
> *La aplicación de la teoría de la base del negocio como cauce interpretativo a estos efectos ha sido resaltada por la reciente jurisprudencia de esta Sala, entre otras, SSTS 20 de febrero de 2012 (núm. 1887, 2008), 20 de noviembre de 2012 (núm. 674, 2012), 25 de marzo de 2013 (núm. 165, 2013), 26 de abril de 2012 (núm. 309, 2013), y 11 de noviembre de 2013 (núm. 638/2013).*
>
> *Por su parte, el otro criterio concorde a esta función delimitadora de la tipicidad contractual en la aplicación de esta figura viene representado por el aleas o marco de riesgo establecido o derivado del negocio, el denominado "riesgo normal del contrato". En este sentido, el contraste se realiza entre la mutación o cambio de circunstancias y su imbricación o adscripción con los riesgos asignados al cumplimiento del contrato ya por su expresa previsión, o bien por su vinculación con los riesgos propios que se deriven de la naturaleza y sentido de la relación obligatoria contemplada en el contrato, de forma que para la aplicación de la figura el cambio o mutación, configurado como riesgo, debe quedar excluido del "riesgo normal" inherente o derivado del contrato.*
>
> *En suma, estos criterios de tipicidad nos responden, en una primera instancia o contraste, a las preguntas básicas que plantea la posible atención jurídica a todo cambio de circunstancias o de condiciones, si dicho cambio tiene entidad suficiente, esto es, altera el estado de las cosas de un modo relevante, y si dicha alteración debe tener consecuencias para las partes implicadas».*

Origen

La cláusula *rebus sic stantibus* proviene de la doctrina medieval, si bien se han encontrado antecedentes en algunos textos romanos. Actualmente ni el Código Civil ni las leyes complementarias regulan la cláusula expresamente, exceptuando el Derecho Foral Navarro.

A pesar de lo anterior, existen algunas referencias legales donde se recogen excepciones que flexibilizan el principio *pacta sunt servanda*. Hace hincapié en estas referencias legales la **sentencia del Tribunal Supremo n.º 447/2017, de 13 de julio, ECLI:ES:TS:2017:2848**:

> «(…) existen, dispersas a lo largo del ordenamiento, expresas previsiones legales que tienen en cuenta el cambio de circunstancias en el cumplimiento de las obligaciones, introduciendo excepciones que, por razones diversas, flexibilizan las consecuencias del principio pacta sunt servanda y del principio de la responsabilidad del deudor».

Según dispone esta sentencia, estas excepciones al *pacta sunt servanda* las encontramos en las siguientes normas:

- En el **ámbito contractual**, en circunstancias excepcionales, el legislador ha promulgado normas de revisión de los efectos de contratos ya existentes: no solo se trata de superar las injusticias que pudieran derivarse de su exacto cumplimiento para una de las partes, sino también de incidir de manera más general en los intereses de la economía nacional, en una suerte de promulgación de un Derecho de aplicación retroactiva (a contratos ya otorgados) justificada en razones extraordinarias.

- En el ámbito de la **protección del consumidor**, se establecen previsiones específicas sobre las consecuencias de la necesidad de introducir una modificación en el contrato de viaje combinado (**art. 158 del Real Decreto Legislativo 1/2007, de 16 de noviembre, por el que se aprueba el texto refundido de la Ley General para la Defensa de los Consumidores y Usuarios y otras leyes complementarias**), o se permite que el juez altere el contenido del contrato atendiendo a circunstancias sobrevenidas personales del deudor, lo que es excepcional (**art. 11 de la Ley 28/1998, de 13 de julio, de Venta a Plazos de Bienes Muebles**).

- La protección de los deudores más vulnerables económica y socialmente justificó las normas en materia de **protección de deudores hipotecarios** y la introducción de la posibilidad de liberación parcial de la parte no satisfecha del crédito hipotecario tras la ejecución de la garantía sobre la vivienda habitual (**Ley 1/2013, de 14 de mayo, de medidas para reforzar la protección a los deudores hipotecarios, reestructuración de deuda y alquiler social** y las que le han seguido). Junto a ello, consideraciones de protección frente a las consecuencias del sobreendeudamiento, así como la concesión de una segunda oportunidad para restablecer la actividad económica de quienes no pueden pagar todos sus créditos, han dado lugar a la introducción del beneficio de la exoneración del pasivo insatisfecho, un régimen de exoneración de ciertas deudas para los deudores persona natural en el marco del procedimiento concursal, siempre que el deudor sea de «buena fe» y que se liquide previamente su patrimonio o que se declare la conclusión del concurso por insuficiencia de masa.

También encontramos una referencia a la cláusula *rebus sic stantibus* en el derecho navarro. En concreto, la **ley 498 de la Compilación del Derecho Civil Foral de Navarra**, bajo la rúbrica de *rebus sic stantibus,* dispone:

> «Cuando se trate de obligaciones de largo plazo o tracto sucesivo, y durante el tiempo de cumplimiento se altere fundamental y gravemente el contenido económico de la obligación o la proporcionalidad entre las prestaciones, por haber sobrevenido circunstancias imprevistas que hagan extraordinariamente oneroso el cumplimiento para una de las partes, podrá esta solicitar la revisión judicial para que se modifique la obligación en términos de equidad o se declare su resolución».

Además, otro ejemplo lo podemos encontrar en el ámbito de la crisis sanitaria y económica derivada de la pandemia COVID-19, en el que se han dictado reales decretos que permiten flexibilizar las cargas contractuales impuestas a la parte contratante considerada más débil.

Estas excepciones son puntuales y se encuentran recogidas en normas dispersas sin que exista en nuestro derecho, como adelantamos, una regulación genérica y expresa de esta cláusula.

Ya por el año 2009 el Ministerio de Justicia publicó una «Propuesta de Anteproyecto de Ley de Modernización del Código Civil en materia de Obligaciones y Contratos elaborada por la Comisión General de Codificación» (sin mayor recorrido), que proponía incluir en el libro V del Código Civil un capítulo dedicado a las alteraciones extraordinarias de las circunstancias básicas del contrato, en cuyo artículo 1213 se disponía lo siguiente:

«Si las circunstancias que sirvieron de base al contrato hubieren cambiado de forma extraordinaria e imprevisible durante su ejecución de manera que ésta se haya hecho excesivamente onerosa para una de las partes o se haya frustrado el fin del contrato, el contratante al que, atendidas las circunstancias del caso y especialmente la distribución contractual o legal de riesgos, no le sea razonablemente exigible que permanezca sujeto al contrato, podrá pretender su revisión, y si ésta no es posible o no puede imponerse a una de las partes, podrá aquél pedir su resolución. La pretensión de resolución sólo podrá ser estimada cuando no quepa obtener de la propuesta o propuestas de revisión ofrecidas por cada una de las partes una solución que restaure la reciprocidad de intereses del contrato».

Nuevamente en el 2023 se realizó —nuevamente— una propuesta de modernización del Código Civil en materia de obligaciones y contratos, que también incluía un art. 1238 en el que se regulaba el cambio extraordinario de circunstancias en los siguientes términos:

«1. Cada parte contratante deberá cumplir sus obligaciones incluso cuando, por haberse alterado la equivalencia entre las prestaciones prevista en el contrato, el cumplimiento de ellas le resulte más oneroso, sea porque su coste haya aumentado, sea porque el valor de la contraprestación haya disminuido.

2. No obstante lo dispuesto en el apartado anterior, si las circunstancias que sirvieron de base al contrato cambian de forma extraordinaria, de manera que su ejecución resulta excesivamente onerosa para una de las partes y no es razonable exigir a esta que permanezca vinculada en los términos inicialmente pactados, dicha parte podrá pedir a la otra entrar en negociaciones con el fin de lograr un acuerdo de adaptación o de resolución del contrato.

Solicitadas las negociaciones, ambas partes quedan obligadas a desarrollarlas conforme a la buena fe.

3. Para que la parte afectada tenga el derecho previsto en el apartado anterior, será necesario:

1.º Que el cambio de circunstancias sea posterior a la celebración del contrato.

2.º Que no hubiera sido ni podido ser tenido en cuenta de modo razonable en el momento de la celebración del contrato.

3.º Que el riesgo que el cambio de circunstancias implica no hubiera sido asignado por el contrato.

4. Si las partes no alcanzan un acuerdo en un periodo de tiempo razonable, la autoridad judicial, según lo que le sea pedido en cada caso, podrá adaptar el contrato o declararlo resuelto.

Adaptará el contrato si, a partir de la propuesta o propuestas de adaptación que le sean ofrecidas por las partes, es posible obtener una solución que distribuya entre ellas, de modo equitativo, las pérdidas y ganancias resultantes del cambio. De no ser posible la adaptación, declarará resuelto el contrato, estableciendo la fecha y las condiciones.

5. En todo caso, la parte que haya rehusado negociar o haya roto las negociaciones en contra de la buena fe, estará obligada a indemnizar a la otra el daño que por esta razón le hubiere causado».

A pesar de lo anterior, **el Código Civil no fue reformado en el sentido expuesto** por lo que podemos afirmar que **los criterios y requisitos para su aplicación provienen de la construcción jurisprudencial.**

La aplicación de la cláusula nace de una forma cautelosa por los tribunales quienes destacaban su absoluta excepcionalidad.

Para encontrar una de las primeras **sentencias del Tribunal Supremo** sobre la cláusula, hay que remontarse al 14 de diciembre de 1940 cuando establecía que la cláusula resultaría admisible en los casos en que la alteración de las circunstancias llegase a dimensiones tan excepcionales que pudiese desaparecer la base del negocio; que caiga dentro de lo imprevisible o que suponga imposibilidad de cumplir el contrato.

También la **sentencia de 17 de mayo de 1941** destacaba que su aplicación se haría en cada caso concreto apreciado por los tribunales, basándose en el principio de equidad, configurándose como una cláusula excepcional:

> «Que la excepción de ineficacia por efecto liberatorio de la cláusula *Rebus Sic Stantibus*, que tantos matices ofrece en el campo de la doctrina, se le asigna la eficacia de producir la revisión o la resolución y hasta la suspensión de los contratos por acontecimientos sobrevenidos después de su celebración y en virtud de principios supremos de equidad que aprecian y ponderan los Tribunales...y aunque en los contratos no esté admitida hasta el presente como norma general y perfilada en el derecho español, y además en nombre de la reciprocidad de intereses y de la buena fe del artículo 1258 de la CC es contrario a la razón y a justicia decretar, no la revisión de un contrato para reestablecer el equilibrio económico que pueda entenderse perturbado, que es a lo que parece inclinarse más la doctrina científica, sino con el alcance de exonerar a una de las partes de sus obligaciones, imponiendo a la otra la pérdida de la totalidad de los derechos que se propuso adquirir y que obtuvo como causa o razón jurídica, de las prestaciones con las que a su vez se obligó a contratar».

Será la **sentencia del alto tribunal de 17 de mayo de 1957, ECLI:ES:TS:1957:127,** la que desarrolle los requisitos necesarios para poder aplicar excepcionalmente la cláusula *rebus sic stantibus,* reiterados posteriormente en las sentencias del Tribunal:

1. Alteración extraordinaria de las circunstancias en el momento de cumplir el contrato en relación con las concurrentes al tiempo de su celebración.

2. Desproporción exorbitante, fuera de todo cálculo, entre las prestaciones de las partes contratantes que verdaderamente derrumben el contrato por aniquilamiento del equilibrio de las prestaciones.

3. Que todo ello acontezca por la sobreveniencia de circunstancias radicalmente imprevisibles.

No obstante, esta sentencia falla que no ha lugar a la aplicación de la cláusula. En el caso enjuiciado se analiza un contrato mercantil de suministros de envases de hoja de lata. Dicho contrato no se cumplió en un momento determinado por imposibilidad del demandado, que era quien debía suministrar los envases al demandante. Posteriormente, una vez cesaron los efectos de la guerra civil sí era posible su cumplimiento, aunque resultaba muy gravoso.

El Tribunal declara sin embargo que se trata de una cláusula peligrosa que debe ser aplicada de forma cautelosa argumentando que:

> «sea cualquiera de las razones que de *"lege ferenda"* abonen la procedencia de dicha cláusula, es indudable que si por convenio no viene admitida, la falta de un expreso precepto legal que reconozca su efectividad, o de la cual pueda inducirse con claridad, imponen varias dificultades a su admisión, aunque no falten preceptos en que aparezca más o menos indicada su pertinencia, pero no puede menos de consignarse una observación en relación con las consecuencias desgraciadas de la Guerra de Liberación Española, de las cuales el ser objeto en determinados supuestos de una legislación de emergencia para remediar las que en ella no estén comprendidas, ya que en cierta manera esas disposiciones legales se inspiran en el cambio de circunstancia, esencia de la cláusula que nos ocupa, quedan en realidad excluidas…, por lo cual si no existen causas que hagan imposible el cumplimiento, han de sujetarse a las consecuencias que se deriven de lo convenido, sin consideración a lo gravoso de las mismas, como efecto del "aleas" que entraña todo contrato de ejecución diferida, sobre todo si celebró cuando aquellas podían preverse (…)».

RESOLUCIÓN RELEVANTE

Sentencia de la Audiencia Provincial de las Islas Baleares n.º 135/2024, de 29 de febrero, ECLI:ES:APIB:2024:496

Asunto: Contexto en el que comenzó la aplicación de la cláusula

«Esta jurisprudencia se inició en la década de los cuarenta en relación con los contratos celebrados antes de la Guerra Civil y que tenían que cumplirse después. Contratos en los que se constataba una grave alteración de las circunstancias en tanto entre la perfección y la consumación se había producido una enorme devaluación de la moneda. Desde entonces se ha seguido un criterio del todo restrictivo, aumentándose los precedentes a partir del año 2014».

2.2. Desarrollo jurisprudencial

Inicio de la jurisprudencia sobre la cláusula *rebus sic stantibus*

El desarrollo jurisprudencial posterior a la **sentencia del Tribunal Supremo de 17 de mayo de 1957, ECLI:ES:TS:1957:127**, reitera la concepción de la cláusula como excepcional y supeditada al cumplimiento de estos requisitos.

En este sentido cabe citar como referente la **sentencia del Tribunal Supremo de 6 de noviembre de 1992, ECLI:ES:TS:1992:8258** que, con cita de abundantes sentencias, confirma la **doctrina jurisprudencial inicial entorno a la cláusula**, confirmando su excepcionalidad y como remedio para la adaptación del contrato —no para su resolución—:

> «(...) cabe la posibilidad de que, aunque en casos excepcionales y con gran cautela, por la alteración que ello puede suponer del principio "*pacta sunt servanda*" y del de seguridad jurídica, pueda el órgano jurisdiccional, atendidas las circunstancias particulares de cada caso concreto, llevar a efecto una modificación (no la extinción o resolución) del vínculo obligacional, por defecto o alteración de la base negocial y haber sido roto el equilibrio de las prestaciones, siempre que concurran los requisitos siguientes: a) alteración completamente extraordinaria de las circunstancias en el momento de cumplir el contrato en relación con las concurrentes al tiempo de su celebración; b) una desproporción inusitada o exorbitante entre las prestaciones de las partes contratantes, que rompan el equilibrio de las prestaciones; c) que todo ello acontezca por la sobrevivencia de circunstancias radicalmente imprevisibles».

No obstante, la **sentencia del Tribunal Supremo, n.º 333/2014, de 30 de junio, ECLI:ES:TS:2014:2823**, en el contexto de la crisis económica española (2008-2013), marca un punto de inflexión en relación con la aplicación de la cláusula «*rebus*» al declarar que debe abandonarse la tendencia restrictiva para dotarla de «una configuración plenamente normalizada», indicando que dicha tendencia ya se intuía en las **sentencias n.º 820/2013, de 17 de enero, ECLI:ES:TS:2013:1013 y n.º 822/2012, de 18 de enero, ECLI:ES:TS:2013:679**.

Es especialmente relevante porque como hemos dicho supone un punto de partida en el contexto jurídico que permitiría a los juzgados y tribunales **aplicar la cláusula de una forma normalizada** si se verificaban los requisitos exigidos y no de una forma excepcional o residual. Este cambio de tendencia se justifica, según el Tribunal Supremo, de la siguiente forma:

> «Como se ha señalado, las citadas Sentencias de Pleno de 17 y 18 de enero de 2013 constituyen un punto de partida, o toma en consideración, hacia una configuración de la figura normalizada en cuanto a su interpretación y aplicación se refiere, de ahí que fuera de las trabas de la concepción tradicional, con una calificación de la aplicación de la figura como excepcional y extraordinaria, cuando no de peligrosa, se razone, conforme a los textos de armonización y proyectos europeos en materia de contratación (Principios Unidroit, PECL y propuesta de la Comisión General de Calificación), ya como tendencia, o bien como canon interpretativo, en pro de una normal aplicación de la figura sin más obstáculos que los impuestos por su debida diferenciación y el marco establecido de sus presupuestos y requisitos de aplicación que, de por si, ya garantizan una prudencia aplicación de la figura».

Dicha sentencia concluye que la crisis económica del 2008 «de efectos profundos y prolongados de recesión económica», podía perfectamente ser considerada como un fenómeno de la economía capaz de generar un grave trastorno o mutación de las circunstancias:

«Ello se traduce, a diferencia de la doctrina jurisprudencial anterior, en la estimación, como hecho notorio, de que la actual crisis económica, de efectos profundos y prolongados de recesión económica, puede ser considerada abiertamente como un fenómeno de la economía capaz de generar un grave trastorno o mutación de las circunstancias y, por tanto, alterar las bases sobre las cuales la iniciación y el desarrollo de las relaciones contractuales se habían establecido».

Si bien matiza que ello no supone que la cláusula entre en juego de un modo automático, sino que es necesario que el cambio de las circunstancias operado sea de una significación jurídica digna de atención en los casos planteados:

«No obstante, reconocida su relevancia como hecho impulsor del cambio o mutación del contexto económico, la aplicación de la cláusula rebus no se produce de forma generalizada ni de un modo automático pues como señalan ambas Sentencias, y aquí se ha reiterado, resulta necesario examinar que el cambio operado comporte una significación jurídica digna de atención en los casos planteados, esto es, que la crisis económica constituya en estos casos un presupuesto previo, justificativo del cambio operado no significa que no deba entrarse a valorar su incidencia real en la relación contractual de que se trate; de ahí, que ambas Sentencias destaquen que la crisis económica, como hecho ciertamente notorio, no pueda constituir por ella sola el fundamento de aplicación de la cláusula rebus máxime, como resulta de los supuestos de hecho de las Sentencias citadas, cuando confundiéndose la tipicidad contractual de la figura se pretende su aplicación por la vía errónea de la imposibilidad sobrevenida de la prestación (1182 a 1184 del Código Civil)».

En conclusión, la crisis económica originada en el 2008 no sirvió de fundamento para una aplicación de la cláusula a los contratos automática, como sucederá con la crisis motivada por la pandemia: debe analizarse su impacto concreto en la base económica y negocial del contrato (relación causa-efecto). Un ejemplo lo encontramos en el **auto del Tribunal Supremo, rec. 3076/2015, de 21 de marzo de 2018, ECLI:ES:TS:2018:2911A**. Se rechaza aplicar la cláusula por cuanto no considera que la crisis sea el único origen de los malos resultados de la empresa que solicitaba la modulación de la renta, sino también de la mala gestión u organización de la entidad:

«En atención a esta reciente jurisprudencia que pone el acento en la aplicación casuística de esta figura según las circunstancias del caso, la sentencia recurrida confirma que no es aplicable al supuesto en el que nos encontramos, pues si bien la crisis económica puede ser considerada abiertamente como un fenómeno de la economía capaz de generar un grave trastorno o mutación de las circunstancias y, por tanto, alterar las bases sobre las cuales la iniciación y el desarrollo de las relaciones contractuales se habían establecido, en el presente caso, no puede aplicarse de manera generalizada o automática la cláusula citada puesto que valorando o sendos informes periciales contradictorios en sus conclusión sobre las causas de los resultados negativos de la explotación hotelera de la arrendataria, se concluye que dichos resultados no obedecen exclusivamente al cambio extraordinario del panorama económico sino también a otras causas como la mala gestión u organización de la empresa, resaltando como datos reveladores de ese hecho que el hotel ha presentado resultados negativos en la práctica totalidad de la serie histórica analizada (2003-2012, a excepción de tres años: 2004, 2006 y 2007), y que entre las partes se mantienen en vigor cuatro relaciones arrendaticias sobre establecimientos hoteleros y únicamente se ha intentado por la arrendataria la modificación judicial de una de ella en atención a la crisis económica. Y además, resalta el tribunal de instancia, no se ha aportado un estudio específico sobre la gestión de la crisis económica en la concreta ciudad de Jerez al objeto de compararla con la política empresarial y gestión llevada a cabo por la recurrente».

A raíz de dichas sentencias cabe preguntarse si en el contexto de la crisis económica derivada de la pandemia, es posible alegar la aplicación de la cláusula «rebus» a los contratos y, particularmente, a los contratos de arrendamiento en los que se desarrolla una actividad profesional, cuando se hace imposible su cumplimiento para una de las partes.

La **primera resolución judicial que se pronunció sobre su aplicación** fue el **auto del Juzgado de Primera Instancia n.º 81 de Madrid, n.º 447/2020, de 25 de septiembre, ECLI:ES:JPI:2020:74A**, que falló la estimación de la petición de medida cautelar solicitada por el arrendatario de un local destinado a negocio de ocio nocturno. El auto estableció que era notoria la existencia de una situación de crisis sanitaria derivada del COVID-19 y por ello concedió cautelarmente la reducción de la renta cuando se permitiera su reapertura y la suspensión del pago de la renta mientras esta estuviese impedida.

En el mismo sentido encontramos la **sentencia del Juzgado de Primera Instancia n.º 20 de Barcelona, n.º 1/2021, de 8 de enero, ECLI:ES:JPI:2021:1**, por cuanto estableció que la crisis derivada de la pandemia por sus características habilitó la aplicación de la cláusula:

> «La pandemia del coronavirus provocó que el 14 de marzo se dictara el Real Decreto 463/2020 que declaró el estado de alarma para la gestión de la situación de crisis sanitaria ocasionada por el Covid-19, y estableció el confinamiento domiciliario de toda la población salvo para casos muy concretos y justificados, suspendiéndose, por tanto, y entre otras, el ejercicio de la actividad de alquiler turístico. Esta suspensión se levantó el 9 de mayo, manteniéndose limitaciones en cuanto a la movilidad tanto a nivel nacional como internacional, situación que sigue en la actualidad. Las partes, al celebrar el contrato no podían prever la existencia de esta situación extraordinaria y de gran impacto en la economía mundial dado que no había sucedido con anterioridad, pudiéndose remontar, como situación análoga a la denominada gripe española de principios del s. XX. Por ello, se cumple, sin duda, el primer requisito para poder aplicar la cláusula rebus sic stantibus».

JURISPRUDENCIA

Sentencia del Tribunal Supremo n.º 369/2012, de 18 de junio, ECLI:ES:TS:2012:4408

«Basta para rechazar el motivo la cita de la sentencia de esta Sala núm. 336/2009, de 21 mayo, que señala como condiciones exigidas para la "siempre excepcional" aplicación de la llamada "cláusula rebus sic stantibus", la «alteración extraordinaria de las circunstancias originales, desproporción exorbitante y fuera de todo cálculo entre las prestaciones de las partes e imprevisibilidad de la alteración sobrevenida (SSTS 1-3-07, 21-2-90 y 17-5-86)», circunstancias no presentes en el caso ya que la demora en la obtención de la licencia urbanística no es un hecho imprevisible, la sentencia impugnada parte de que tal demora se debió a la propia actuación de la ahora recurrente e incluso la licencia se obtuvo en fecha 18 de febrero de 2005 mientras que el plazo de ejecución se extendía hasta junio de 2006 y, no obstante, ni siquiera se inició la ejecución de la obra».

Sentencia del Tribunal Supremo n.º 360/2010, de 1 de junio, ECLI:ES:TS:2010:3066

«El influjo de circunstancias sobrevenidas en la vida del contrato no ha dejado de ser considerado por la jurisprudencia de esta Sala, aparte de su aceptación de la doctrina de la cláusula "rebus sic stantibus". Ha señalado que cuando se produce una imposibilidad de cumplimiento de la prestación hay que distinguir si tal imposibilidad existe en el momento de la perfección contractual (momento de formación del contrato) en cuyo caso el efecto jurídico que procede es el de la nulidad contractual de conformidad con el art. 1.272 en relación con el art. 1.261.2, ambos del Código Civil, o si se trata de una imposibilidad sobrevenida —con posterioridad a la perfección y antes de constituirse el deudor en mora— en cuyo caso (art. 1.184 CC) se da lugar a la liberación de la prestación (resolución contractual) (SSTS 10 de abril 1956; 30 de abril 2002; 21 de abril 2006). Ha considerado también ejercitable la facultad de resolución cuando existe un hecho obstativo que de modo absoluto, definitivo e irreformable impide el cumplimiento (S 22 octubre 1985 y las que cita), y cuando la prestación pactada no responde a la finalidad para cuya consecución se concertó el contrato, frustrándose la misma (SSTS 3 noviembre y 9 diciembre 1983, y 27 octubre 1986 y las que cita). Por eso es extravagante el recurso a la cláusula "rebus sic stantibus", si hay una frustración total del fin del contrato (STS 20 de abril de 1994). Y es evidente que aunque no sean conceptualmente equiparables estos supuestos con el que sustenta el motivo formulado, ello no significa que deba ser desestimado, cuando el vínculo contractual quedó sin efecto privándose al arrendatario de alcanzar el logro económico perseguido con el mismo, en razón a la actuación previa de quien pretende ser indemnizado por la ocupación de un local que en ningún momento fue apto para el fin convenido, como resulta de la jurisprudencia citada en el motivo».

Sentencia del Tribunal Supremo n.º 333/2014, de 30 de junio, ECLI:ES:TS:2014:2823

«(...) del mismo modo que la conservación de los contratos constituye un principio informador del derecho contractual europeo, reconocido por los textos de referencia ya señalados y aplicados por esta Sala en las Sentencias de 15 y 16 de enero de 2013 (núms. 827 y 828/2013, respectivamente) la cláusula rebus sic stantibus o si se prefiere, la relevancia del cambio o mutación de las condiciones básicas del contrato ha sido objeto de regulación por estos mismos textos de armonización sin ningún tipo de regulación excepcional o singular al respecto, como un aspecto más en la doctrina del cumplimiento contractual. En este sentido, no puede desconocerse un cierto valor añadido a las citadas sentencias de 17 y 18 de enero de 2013 pues fuera de la oportunidad del momento, la referencia a la cláusula se realiza de un modo normalizado,

conforme a los textos de armonización citados, y se admite su posible aplicación a casos que traigan causa de la "crisis económica", supuesto claramente más amplio y complejo que los derivados de la devaluación monetaria que sirvió de base a un cierto renacimiento de la cláusula rebus sic stantibus.

Por contra, en la línea del necesario ajuste o adaptación de las instituciones a la realidad social del momento y al desenvolvimiento doctrinal consustancial al ámbito jurídico, la valoración del régimen de aplicación de esta figura tiende a una configuración plenamente normalizada, en donde su prudente aplicación deriva de la exigencia de su específico y diferenciado fundamento técnico y de su concreción funcional en el marco de la eficacia causal del contrato. Esta tendencia hacia la aplicación normalizada de esta figura (...) en donde se reconoce que la actual crisis económica, de efectos profundos y prolongados de recesión económica, puede ser considerada abiertamente como un fenómeno de la economía capaz de generar un grave trastorno o mutación de las circunstancias, también responde a la nueva configuración que de esta figura ofrecen los principales textos de armonización y actualización en materia de interpretación y eficacia de los contratos».

Sentencia del Tribunal Supremo n.° 820/2013, de 17 de enero, ECLI:ES:TS:2013:1013

«Lo anteriormente razonado no significa, sin embargo, que la regla rebus sic stantibus haya de quedar descartada en todos los casos de imposibilidad de obtener financiación por parte de los compradores de inmuebles. Antes bien, una recesión económica como la actual, de efectos profundos y prolongados, puede calificarse, si el contrato se hubiera celebrado antes de la manifestación externa de la crisis, como una alteración extraordinaria de las circunstancias, capaz de originar, siempre que concurran en cada caso concreto otros requisitos como aquellos a los que más adelante se hará referencia, una desproporción exorbitante y fuera de todo cálculo entre las correspectivas prestaciones de las partes, elementos que la jurisprudencia considera imprescindibles para la aplicación de dicha regla (SSTS 27-6-84, 17-5-86, 21-2-90 y 1-3-07). Por otra parte, en la actualidad es clara una tendencia a que la regla se incorpore a propuestas o proyectos de textos internacionales (art. 6.2.2 de los principios UNIDROIT), de Derecho de la Unión Europea (art. 6.111 de los Principios de Derecho Europeo de la Contratación, PECL) y nacionales (art. 1213 del CC en la Propuesta para la modernización del Derecho de obligaciones y contratos preparada por la Comisión General de Codificación)».

Sentencia del Tribunal Supremo n.° 822/2012, de 18 de enero de 2013, ECLI:ES:TS:2013:679

«La influencia de los cambios imprevistos sobre la posibilidad de la resolución del vínculo o, especialmente, la modificación equitativa de su contenido, resulta también admitida en ordenamientos cercanos.

En alguno, respecto de los contratos de ejecución continuada, periódica o diferida, para el caso de que la prestación de cualquiera de las partes "è divenuta eccessivamente onerosa" —artículos 1467 y 1468 del Código Civil italiano—; en otros, simplemente, en el supuesto de que las circunstancias en que las partes fundaron la decisión de contratar "tiverem sofrido uma alteraçâo anormal" —artículo 437 del Código Civil portugués—.

Por lo demás, cualquier previsión sobre el futuro de tales instrumentos no puede prescindir de que hoy gozan de reconocimiento en los principales textos de armonización y actualización en materia de interpretación y eficacia de los contratos, como son los Principios Unidroit sobre los contratos comerciales internacionales —artículo 6.2.2—, los Principios de Derecho europeo de contratos —artículo 6.111— o los trabajos para la modernización del Derecho de obligaciones y contratos —artículo 1213—.

Pese a lo expuesto hay que insistir en que la doctrina mencionada no constituyó la "ratio" o fundamento de la decisión recurrida y en que, tampoco, la demanda de los compradores contiene alegación alguna sobre un cambio de circunstancias existentes al contratar, así como en que la mera referencia en el escrito de contestación a la regla "rebús sic stantibus" no basta para justificar un pronunciamiento específico sobre ella.

En último caso, el segundo de los argumentos que seguidamente exponemos para estimar el primero de los motivos del recurso de casación de Hogar y Jardín, SA atinente más que a la previsibilidad del impedimento, a la realidad de una efectiva previsión del mismo en el contrato—, determinaría la inaplicación de la regla de que se trata —por todas, sentencia 1654/1989, de 8 de julio—. A lo que expondremos con más detalle nos remitimos».

Sentencia del Tribunal Supremo n.º 782/2013, de 23 de mayo de 2014, ECLI:ES:TS:2014:2404

«En este marco metodológico, conviene señalar que también recientemente la jurisprudencia de esta Sala ha resaltado la importancia del plano satisfactivo del cumplimiento en el contexto de la dinámica contractual. En la línea expuesta, y a título ejemplificativo, se ha destacado la instrumentación técnica de la base del negocio como criterio de interpretación contractual en orden a la delimitación del carácter esencial del término establecido (STS de 20 de noviembre de 2012, núm. 674/2012), de la calificación del contrato celebrado (STS de 26 de marzo de 2013, núm. 165/2013), del objeto contractual proyectado (STS de 12 de abril de 2013, núm. 226/2013), de su determinación en el marco de una relación negocial compleja (STS de 23 de mayo de 2013, núm. 333/2013) como, en su caso, de su incidencia y función en orden a la tipicidad contractual de la cláusula rebus sic stantibus (entre otras, SSTS de 17 y 18 de enero de 2013, núms. 820 y 822, de 8 de octubre de 2012, y 26.de abril de 2013, núm. 309/2013)».

Sentencia del Tribunal Supremo n.º 591/2014, de 15 de octubre, ECLI:ES:TS:2014:5090

«En este sentido debe señalarse que, en la actualidad, se ha producido un cambio progresivo de la concepción tradicional de esta figura referenciada en torno a un marco de aplicación sumamente restrictivo concorde, por lo demás, con una caracterización singular de la cláusula, de "peligrosa" o "cautelosa" admisión, y con una formulación rígida de sus requisitos de aplicación: "alteración extraordinaria", "desproporción desorbitante" y circunstancias "radicalmente imprevisibles"; caso de la Sentencia de esta Sala, de 23 de abril de 1991, que es tomada por la Audiencia como referente jurisprudencial para declarar la inaplicación de la cláusula rebus.

Por contra, en la línea del necesario ajuste o adaptación de las instituciones a la realidad social del momento, así como al desenvolvimiento doctrinal consustancial al ámbito jurídico, la valoración del régimen de aplicación de esta figura tiende a una configuración plenamente normalizada en donde su necesaria aplicación prudente no deriva de la anterior caracterización, sino de su ineludible aplicación casuística, de la exigencia de su específico y diferenciado fundamento técnico, y de su concreción funcional en el marco de la eficacia causal de la relación negocial derivada de su imprevisibilidad contractual y de la ruptura de la base económica del contrato, con la consiguiente excesiva onerosidad para la parte contractual afectada.

Esta tendencia hacia la aplicación normalizada de la figura, reconocible ya en las Sentencias de esta Sala de 17 y 18 de enero de 2013 (núms. 820/2012 y 822/2012, respectivamente), en donde se declara que la actual crisis económica, de efectos profundos y prolongados de recesión económica, puede ser considerada abiertamente como un fenómeno de la economía capaz de generar un grave trastorno o mutación de las circunstancias, ha tomado cuerpo en la reciente Sentencia de esta Sala de 30 de abril de 2014 (núm. 333/2014) con una detallada fundamentación y caracterización técnica de la figura y del desarrollo de la doctrina jurisprudencial relativa a su régimen de aplicación».

Sentencia del Tribunal Supremo n.º 455/2019, de 18 de julio, ECLI:ES:TS:2019:2831

«En primer lugar, según la doctrina jurisprudencial de la "rebus sic stantibus", la alteración de las circunstancias que puede provocar la modificación o, en último término, la resolución de un contrato, ha de ser de tal magnitud que incremente de modo significativo el riesgo de frustración de la finalidad del contrato. Y por supuesto, es preciso que tales circunstancias sobrevenidas fueran totalmente imprevisibles para los contratantes (sentencia del pleno 820/2012, de 17 de enero de 2013). Es condición necesaria para la aplicación de la regla "rebus" la imprevisibilidad del cambio de circunstancias. Si las partes han asumido expresa o implícitamente el riesgo de que una circunstancia aconteciera o debieron asumirlo porque, en virtud de las circunstancias y/o naturaleza del contrato, tal riesgo era razonablemente previsible, no es posible apreciar la alteración sobrevenida que, por definición, implica lo no asunción del riesgo (recientemente sentencia 5/2019, de 9 de enero). No puede hablarse de alteración imprevisible cuando la misma se encuentra dentro de los riesgos normales del contrato (sentencias 333/2014, de 30 de junio, 64/2015, de 24 de febrero, y 477/2017, de 20 de julio, entre otras)».

Sentencia del Tribunal Supremo n.º 5/2019, de 9 de enero, ECLI:ES:TS:2019:13

«Respecto a la aplicación de la regla rebus sic stantibus a los contratos con incertidumbre sobre sus resultados económicos, la sentencia 626/2013, de 29 de octubre, declaró que:

"para que sea aplicable esa técnica de resolución o revisión del contrato se exige, entre otras condiciones, como señaló la sentencia de 23 de abril de 1991, que la alteración de las circunstancias resulte imprevisible, lo que no acontece cuando la incertidumbre constituye la base determinante de la regulación contractual".

Es decir, la regla rebus no puede operar en contratos cuyo ámbito de aplicación propio está constituido por los supuestos en los que no resulta del contrato la asignación del riesgo a una de las partes o una distribución del riesgo de una determinada manera.

3.- Tanto en la jurisprudencia como en las regulaciones internacionales antedichas es condición necesaria para la aplicación de la regla rebus la imprevisibilidad del cambio de circunstancias. Si las partes han asumido expresa o implícitamente el riesgo de que una circunstancia aconteciera o debieron asumirlo porque, en virtud de las circunstancias y/o naturaleza del contrato, tal riesgo era razonablemente previsible, no es posible apreciar la alteración sobrevenida que, por definición, implica lo no asunción del riesgo.

En este caso, el rendimiento final de la inversión estaba vinculado directamente a la evolución del Net Asset Value (NAV) o valor patrimonial neto del fondo subyacente y en el folleto informativo se advertía expresamente que la inversión en tales condiciones era de alto riesgo y que los inversores estaban expuestos a la pérdida total de la inversión, lo que en este caso vino determinado por la quiebra del fondo.

Se plantea, pues, si la mencionada quiebra del fondo subyacente tiene el carácter de hecho imprevisible a efectos de la aplicación de la regla rebus sic stantibus. Y la respuesta debe ser negativa, porque el riesgo de quiebra del fondo estaba previsto contractualmente e incluso puede considerarse un riesgo intrínseco en las notas es-

tructuradas. E igual sucede con la suspensión de la publicación del NAV, por quiebra del fondo o por cualquier otra causa.

Al no poder hablarse de alteración imprevisible cuando la misma se encuentra dentro de los riesgos normales del contrato (sentencias 333/2014, de 30 de junio, y 64/2015, de 24 de febrero), no cabe aplicar la regla rebus sic stantibus. Como dijimos en la sentencia 477/2017, de 20 de julio:

"La sentencia 64/2015, de 24 de febrero, declara que de los sucesos imprevisibles que sirven para sustentar la aplicación de la cláusula rebus sic stantibus deben excluirse los riesgos que deriven de la naturaleza y sentido de la relación obligatoria contemplada en el contrato, esto es, el "riesgo normal" inherente o derivado del contrato. Y, como afirmamos en la sentencia 626/2013, de 29 de octubre, "para que sea aplicable esa técnica de resolución o revisión del contrato [la cláusula rebus sic stantibus] se exige, entre otras condiciones, 16 JURISPRUDENCIA como señaló la sentencia de 23 de abril de 1991, que la alteración de las circunstancias resulte imprevisible, lo que no acontece cuando la incertidumbre constituye la base determinante de la regulación contractual"».

RESOLUCIONES RELEVANTES

Auto del Juzgado de Primera Instancia n.° 82 de Madrid n.° 447/2020, de 25 de setiembre, ECLI:ES:JPI:2020:74A

*«Como recuerda este autor, la nueva jurisprudencia del TS [por todas SSTS 333/2014 de 30 de junio; 591/2014, de 15 de octubre y 64/2015, de 24 de febrero] introduce un cambio en el planteamiento tradicional de la figura, que contempla una **aplicación plenamente normalizada**, no restrictiva o excepcional como antes, pues lo que realmente resulta extraordinario o excepcional no es su correspondiente aplicación, completamente concordante con la dinámica del Derecho que se ha indicado, sino las circunstancias que provocan su aplicación.*

*Sin perjuicio de lo que resulte probado en el acto del juicio del procedimiento principal en relación con la concreta repercusión a la Sala de Fiestas ", existen indicios bastante claros de que la **situación económica tras la irrupción del coronavirus constituye un acontecimiento de carácter excepcional** que puede tener graves consecuencias económicas, máxime teniendo en cuenta el tratamiento especialmente riguroso que se ha dado a este tipo de negocios, porque por su propia dinámica habitual conllevan un mayor riesgo de contagio».*

Sentencia del Juzgado de Primera Instancia n.° 20 de Barcelona n.° 1/2020, de 8 de enero, ECLI:ES:JPI:2021:1

«Por ello entiendo que esto ha producido una alteración de la base del negocio al haberse reducido de una manera muy elevada los beneficios que racionalmente se pretendían obtener, lo que implica que el contrato sea excesivamente oneroso para la parte arrendataria, aunque en dicha onerosidad no haya intervenido ninguna actuación culpable por parte del arrendador. Esta situación de crisis global ha afectado, en términos generales, no solo al arrendatario sino también al arrendador como persona que tiene un negocio que se dedica a alquilar inmuebles para que otros los dediquen a pisos turísticos. No obstante, el arrendador no se ha visto perjudicado respecto a lo que pretendía obtener con estos inmuebles porque ya los tenía alquilados, pero si no los hubiese tenido arrendados o si el contrato hubiese expirado en marzo de 2020, hubiese sufrido también perjuicios al no encontrar arrendatarios que le alquilasen los 27 inmuebles para uso turístico y que le proporcionasen la renta que hay pactada en el contrato. Por ello, la buena fe y el principio de equidad justifica una alteración de lo pactado en aplicación de la cláusula rebus sic stantibus».

Sentencia del Tribunal Supremo n.º 559/2022, de 11 de julio, ECLI:ES:TS:2022:2917

*«No concurren los requisitos para aplicar la regla rebus sic stantibus, en que se funda dicha petición, puesto que la jurisprudencia de esta sala ha insistido constantemente en que la alteración de las circunstancias que puede provocar la de un contrato, ha de ser de tal magnitud que incremente de modo significativo el riesgo de frustración de la propia finalidad del contrato; y por supuesto, que tales circunstancias sobrevenidas fueran totalmente imprevisibles para los contratantes (por todas, sentencias 567/1997, de 23 de junio, y 5/2019, de 9 de enero, y las que en ellas se citan). Si las partes han asumido expresa o implícitamente el riesgo de que una circunstancia aconteciera o debieron asumirlo porque, en virtud de las circunstancias y/o naturaleza del contrato, tal riesgo era razonablemente previsible, no es posible apreciar la alteración sobrevenida que, por definición, implica lo no asunción del riesgo. Y precisamente la **cláusula suelo/techo** anticipa el riesgo de una evolución abrupta de los tipos de interés al alza o a la baja y constituye un remedio contractual para tal cambio de circunstancias».*

Sentencia del Tribunal Supremo n.º 652/2022, de 11 de octubre, ECLI:ES:TS:2022:3610

*«Ahora bien, esta facultad del tribunal de aplicar las normas jurídicas pertinentes tiene el límite de no alterar de la causa de pedir (STC 9/1998, de 13 de enero, y las que en ellas se citan; y sentencia de esta sala 52/2018, de 1 de febrero). Y esto es lo que sucede en este caso, pues la Audiencia no da respuesta a la petición de resolución del contrato por frustración de su causa, sino que **aplica una jurisprudencia** sobre una doctrina distinta (rebus sic stantibus, destinada al reequilibrio prestacional del contrato por alteración extraordinaria e imprevisible de las circunstancias), **no invocada por ninguna de las partes**, y sobre la que, por tanto, no había girado la contradicción, y desestima la acción ejercitada por la falta de concurrencia de los requisitos exigidos para la aplicación de dicha doctrina.*

El principio iura novit curia no permite al tribunal la aplicación de preceptos o doctrinas no invocados y que se refieren a una causa de pedir no esgrimida. En suma, la fundamentación de la Audiencia está desconectada de la realidad de lo actuado y debatido en el proceso (sentencias 180/2011, de 17 de marzo, 52/2018, de 1 de febrero, y 706/2021, de 19 de octubre), e incurre en el defecto de incongruencia denunciado en el motivo».

Sentencia del Tribunal Supremo n.º 966/2023, de 19 de junio, ECLI:ES:TS:2023:2770

*«Ahora bien, esta sala ha declarado en relación con la oponibilidad de la cláusula rebus sic stantibus en los juicios plenarios que la mera referencia a la misma por vía de excepción en un escrito de contestación a la demanda no es suficiente para justificar un pronunciamiento específico sobre ella (sentencia 822/2012, de 18 de enero) y que su posible ejercicio **requiere su formulación expresa mediante una demanda reconvencional** (sentencia 658/2012, 14 de noviembre).*

Lo que resulta lógico a todas luces ya que con el planteamiento de la cláusula mencionada se introduce en el proceso una nueva pretensión y se amplía indefectiblemente su objeto como consecuencia del ejercicio de una nueva acción que debe sustanciarse con todas las garantías (también para la parte reconvenida), enjuiciarse y resolverse en la sentencia decidiendo si se concede la tutela jurisdiccional pretendida por la parte reconviniente, lo que significaría en el presente caso, haber decidido si, tal y como las recurrentes sostienen, procedía modificar lo estipulado en el contrato en cuanto al plazo de vencimiento de las rentas devengadas durante los meses de abril a junio de 2020 o, en su caso, resolverlo».

2.3. Referencias internacionales a la cláusula *rebus sic stantibus*

Referencias internacionales y en derecho comparado a la cláusula *rebus sic stantibus*

La cláusula *rebus sic stantibus* es admitida en derecho comparado y en la normativa internacional.

Aunque en nuestro ordenamiento jurídico no aparezca regulada, en el derecho comparado sí encontramos regulación de la misma: en el BGB (derecho alemán); en el Código Civil italiano, en el Código Civil portugués y en el *frustration* o *hardship* del derecho anglosajón. Así lo recoge, por ejemplo, la **sentencia de la Audiencia Provincial de Barcelona n.º 210/2024, de 22 de marzo, ECLI:ES:APB:2024:4171**, en la que podemos leer que: «A diferencia de otros ordenamientos jurídicos que han regulado los efectos de la alteración de la base del negocio - geshfätsgrundlage, en el derecho alemán (§ 313 BGB); eccesiva onerosità sopravenuta en el Código civil italiano (LEG 1889, 27); o frustration o hardship del derecho anglosajón-, nuestro Código Civil no regula un mecanismo semejante que expresamente permita modificar el contenido de las obligaciones en función de cambios imprevisibles para el cumplimiento del contrato».

Sobre el reconocimiento de esta cláusula en los ordenamientos jurídicos cercanos también se pronuncia la **sentencia de la Audiencia Provincial de Pontevedra n.º 170/2024, de 5 de abril, ECLI:ES:APPO:2024:811**, que establece lo siguiente:

> «Con todo, tanto en algunos textos positivos sectoriales, como en ordenamientos de países de nuestro entorno (además de su formulación en el Derecho angloamericano, pueden mencionarse el art. 313 BGB, los arts. 1467 y 1468 del Codice Civile, o el art. 437 del Código portugués), en textos internacionales (art. 6.2.2. de los Principios Unidroit sobre contratos comerciales internacionales, art. III.-1:110 del CFR), y en normas proyectadas (art. 1213 de la propuesta de anteproyecto de reforma del Código Civil, para la modernización del Derecho de obligaciones y contratos, así como el art. 1238 de la nueva versión de 2023), incluso en ordenamientos forales (Ley 493 del Fuero Nuevo) se abre paso, bajo diversas denominaciones, a la posibilidad de inexigencia de las obligaciones pactadas cuando se producen circunstancias imprevistas que alteran la reciprocidad original de lo convenido».

También encontramos referencias en la normativa internacional, particularmente en el **artículo 6.2.2 de los Principios *Unidroit*** y en el artículo 6.111 de los Principios Europeos de Derecho de los Contratos (PEDC):

Artículo 6.2.2 Principios Unidroit:

> «Hay excesiva onerosidad ("hardship") cuando el equilibrio del contrato es alterado de modo fundamental por el acontecimiento de ciertos even-

tos, bien porque el costo de la prestación a cargo de una de las partes se ha incrementado, o porque el valor de la prestación que una parte recibe ha disminuido, y:

(a) dichos eventos acontecen o llegan a ser conocidos por la parte en desventaja después de la celebración del contrato;

(b) los eventos no pudieron ser razonablemente tenidos en cuenta por la parte desventaja en el momento de celebrarse el contrato;

(c) los eventos escapan al control de la parte en desventaja; y

(d) el riesgo de tales eventos no fue asumido por la parte en desventaja».

Artículo 6.111 PEDC:

«Cambio de circunstancias

(1) Las partes deben cumplir con sus obligaciones, aun cuando les resulten más onerosas como consecuencia de un aumento en los costes de la ejecución o por una disminución del valor de la contraprestación que se recibe.

(2) Sin embargo, las partes tienen la obligación de negociar una adaptación de dicho contrato o de poner fin al mismo si el cumplimiento del contrato resulta excesivamente gravoso debido a un cambio de las circunstancias, siempre que:

(a) Dicho cambio de circunstancias haya sobrevenido en un momento posterior a la conclusión del contrato.

(b) En términos razonables, en el momento de la conclusión del contrato no hubiera podido preverse ni tenerse en consideración el cambio acaecido.

(c) A la parte afectada, en virtud del contrato, no se le pueda exigir que cargue con el riesgo de un cambio tal de circunstancias.

(3) Si en un plazo razonable las partes no alcanzan un acuerdo al respecto, el juez o tribunal podrá:

(a) Poner fin al contrato en los términos y fecha que considere adecuado.

(b) O adaptarlo, de manera que las pérdidas y ganancias resultantes de ese cambio de circunstancias se distribuyan entre las partes de forma equitativa y justa.

En cualquiera de los casos, el juez o tribunal podrá ordenar que la parte que se negó a negociar o que rompió dicha negociación de mala fe, proceda a reparar los daños causados a la parte que sufrió dicha negativa o dicha ruptura».

El **artículo 6.111 de los PEDC** es especialmente relevante ya que, si bien **no tienen estos principios carácter vinculante, sí son criterios interpretativos** de nuestro ordenamiento. Así lo dispuso, entre otras, la **sentencia del Tribunal Supremo, n.º 5/2019, de 9 de enero, ECLI:ES:TS:2019:13**:

«Aunque los Principios de Derecho Europeo de los Contratos no tienen carácter vinculante, la jurisprudencia de esta sala los ha utilizado reiteradamente como criterios interpretativos de las normas de derecho interno. Verbigracia, la sentencia 1180/2008, de 17 de diciembre, señala que 'el origen común de las reglas contenidas en el texto de los Principios de Derecho Europeo de los Contratos (PECL) permite utilizarlos como texto interpretativo de las normas vigentes en esta materia en nuestro Código civil', y cita múltiples sentencias en las que se han utilizado estos principios con esos fines».

RESOLUCIÓN RELEVANTE

Sentencia de la Audiencia Provincial de Madrid, n.º 184/2024, de 11 de abril, ECLI:ES:APM:2024:6253

«Como señala la Sentencia de esta sección 8ª de 30 de mayo de 2023 n.º 282/2023:

"Las SSTS de 30 de junio de 2014 (recurso 2250/2012) y 15 de octubre de 2014 (recurso: 2992/2012) admiten que una situación de crisis económica puede servir de causa para la aplicación de la doctrina rebus sic stantibus, siempre que se acredite que dicha crisis produce la frustración del contrato examinado o que cause un perjuicio grave y excesivamente oneroso a alguna de las partes. Así, la primera de estas sentencias dice: "Como se ha señalado, las citadas Sentencias de Pleno de 17 y18 de enero de 2013 constituyen un punto de partida, o toma en consideración, hacia una configuración de la figura normalizada en cuanto a su interpretación y aplicación se refiere, de ahí que fuera de las trabas de la concepción tradicional, con una calificación de la aplicación de la figura como excepcional y extraordinaria, cuando no de peligrosa, se razone, conforme a los textos de armonización y proyectos europeos en materia de contratación (Principios Unidroit, PECL y propuesta de la Comisión General de Calificación), ya como tendencia, o bien como canon interpretativo, en pro de una normal aplicación de la figura sin más obstáculos que los impuestos por su debida diferenciación y el marco establecido de sus presupuestos y requisitos de aplicación que, de por sí, ya garantizan una prudencia aplicación de la figura».

3.
ARRENDAMIENTOS Y CLÁUSULA *REBUS SIC STANTIBUS*

¿A qué contratos afecta la cláusula *rebus sic stantibus*? Especial incidencia en los contratos de arrendamiento

Si bien la aplicación de la cláusula *rebus sic stantibus* podría invocarse por las partes de cualquier contrato si se cumplen todos los requisitos establecidos por la jurisprudencia, en este punto nos centraremos en su aplicación a los contratos de arrendamiento para uso distinto de vivienda y arrendamientos de industria por la especial incidencia de la pandemia derivada de la COVID-19 en los negocios españoles que se vieron obligados a cerrar o bien afectados de forma muy perjudicial por las restricciones gubernativas acordadas en el contexto del estado de alarma.

3.1. Arrendamientos de vivienda

Contratos de arrendamiento de vivienda

Como dispone el **artículo 2, apartado primero, de la Ley 29/1994, de 24 de noviembre, de Arrendamientos Urbanos**, se considera arrendamiento de vivienda aquel arrendamiento que recae sobre una edificación habitable cuyo destino primordial sea satisfacer la necesidad permanente de vivienda del arrendatario.

Los contratos de arrendamiento de vivienda son contratos sinalagmáticos en los que, con carácter general, se pacta el uso y disfrute de una vivienda a cambio del pago de una renta. Son contratos de tracto de sucesivo y normalmente de larga duración, siendo el **artículo 9 de la LAU** el que establece su duración mínima: cinco años en caso de que el arrendador sea persona física o siete en caso de que el arrendador sea persona jurídica.

Cumplen, por lo tanto, *a priori*, dos de los requisitos exigidos para la aplicación de la cláusula: contratos de tracto sucesivo y de larga duración. Pero, en caso de cumplirse los restantes requisitos exigidos para la aplicación de la cláusula *rebus* (alteración extraordinaria e imprevisible de las circunstancias y desproporción exorbitante de las prestaciones entre las partes) procede preguntarse, si sería posible que el inquilino pudiera solicitar del arrendador la aplicación de la mentada cláusula para suspender la obligación del pago de la renta, para la reducción de su importe o, incluso, para solicitar la resolución del contrato.

Al respecto ya se han pronunciado algunos autores expertos en la materia en sentido negativo. En esta línea se pronuncia el abogado Alejandro Fuentes Lojo, en el «Diario *La Ley, n.º 9604, Sección Tribuna, 30 de marzo de 2020, Wolters Kluwer*», quien establece que debe tenerse en cuenta que «para que el arrendatario pueda exigir con éxito en los tribunales la suspensión, modificación y/o resolución del contrato dicho impacto de carácter imprevisible, inevitable y sobrevenido debe afectar necesariamente a la causa económica del contrato. En otras palabras, el suceso de fuerza mayor de la pandemia COVID-19 debe alterar de forma muy significativa las circunstancias originarias del contrato de tal forma que se produzca una desproporción exorbitante, fuera de todo cálculo, entre las prestaciones de las partes contratantes», por lo que, concluye que dado que el destino de este tipo de contratos es morar de forma permanente, no se daría el presupuesto necesario para aplicar la *rebus sic stantibus* pues «no se alteran las circunstancias relativas al goce pacífico de la cosa arrendada, pudiendo destinarla el inquilino al uso pactado en idénticas circunstancias que en el momento en que se perfeccionó el contrato. No hay una afectación de la base del negocio jurídico».

Puede concluirse al respecto que *a priori* no parece posible la invocación de cláusula por dos razones:

1. Como razona Fuentes Lojo, la finalidad de estos contratos es habitar de forma permanente por lo que, en tanto en cuanto la pandemia no ha impedido en forma alguna habitar en las viviendas, no se ha frustrado la finalidad del contrato.

2. Tampoco parece que las circunstancias extraordinarias e imprevisibles impidan a una de las partes el cumplimiento de la obligación del pago de la renta, ya que, si bien la pérdida del trabajo o la afectación a los negocios de los inquilinos de las viviendas pudiese causar dificultades a la hora de hacer frente al pago de la renta, ninguna de esas razones guarda relación con el objeto del contrato (que es habitar, morar, vivir en el inmueble). Se trata más bien de circunstancias personales que pueden afectar a la capacidad económica del inquilino para el pago de la renta. Y en este sentido procede traer a colación la **sentencia del Tribunal Supremo n.º 266/2015, de 19 de mayo, ECLI:ES:TS:2015:2344**, que establece que «la imposibilidad subjetiva que se invoca no puede calificarse de imprevisible, pues las contingencias relacionadas con la salud, bien de la parte contratante o de su núcleo familiar, con afectación de su solvencia, son previsibles, según es notorio por máximas de experiencia».

CUESTIÓN

Cuando se trata un arrendamiento realizado por estudiantes, ¿cabe la aplicación de la cláusula *rebus sic stantibus* durante la pandemia?

Sí que podría ser posible su aplicación, y así lo recoge la **sentencia de la Audiencia Provincial de Badajoz n.º 1022/2021, de 6 de octubre, ECLI:ES:APJ:2021:1255**, en la que considera que la finalidad del contrato de arrendamiento ha desaparecido:

«Las expuestas circunstancias no pueden sino conducir a concluir que la finalidad del contrato de arrendamiento (la estancia en la capital de la provincia y la utilización de un inmueble allí radicado como vivienda) desapareció por completo a partir de ese momento, así como que se produjo un drástico cambio de la situación existente cuando se celebró el inicial contrato (septiembre de 2018, como se dijo), renovado al año siguiente (septiembre de 2019).

En consecuencia, por las razones expuestas y las demás que recoge la resolución recurrida, a la que nos remitimos en lo restante por su completa y exhaustiva fundamentación, la aplicación de la repetida cláusula rebus sic stantibus resultaba en el supuesto examinado plenamente correcta y ajustada a Derecho, facultando a los arrendatarios para el desistimiento del contrato en su día celebrado con una indemnización inferior a la prevista en el mismo para dicha hipótesis, resultando también ponderada y adecuada a las circunstancias del caso, en particular, la naturaleza del inmueble y la renta mensual en su día estipulada, la recogida en la sentencia de instancia que, por ello, habrá de confirmarse, con rechazo del recurso contra ella interpuesto».

A TENER EN CUENTA. El Real Decreto-ley 11/2020, de 31 de marzo, contiene una serie de medidas para proteger a los arrendatarios de vivienda habitual en situación de vulnerabilidad que se vieron afectados por la crisis derivada de la pandemia.

3.2. Arrendamientos para uso distinto de vivienda y de industria

Contratos de arrendamiento de uso distinto de vivienda y contratos de arrendamiento industria

Los arrendamientos de local de negocio (uso distinto de vivienda) y los de arrendamiento de industria son sin duda **los más afectados por la pandemia de la COVID-19** y las sucesivas medidas adoptadas por el Gobierno para contener su propagación.

Los contratos para uso distinto de vivienda están regulados en la Ley 24/1994, de 24 de noviembre, de arrendamientos urbanos que los define en su **artículo 3** como aquellos arrendamientos que, recayendo sobre una edificación tengan como destino primordial uno distinto de la necesidad permanente de vivienda y determina que, en especial, tienen esta consideración, entre otros, los celebrados para ejercerse en la finca una actividad comercial, industrial, artesanal, profesional, recreativa, asistencial, cultural o docente cualesquiera que sean las personas que lo celebren.

Además de por lo dispuesto en el título III de la LAU, estos contratos se rigen imperativamente por lo dispuesto en los títulos I («Ámbito de la Ley») y IV («Fianza y formalización del arrendamiento»). Al margen de esas materias se rigen por los acuerdos entre las partes, en su defecto, por la Ley de Arrendamientos Urbanos y supletoriamente por el Código Civil.

A lo largo de la LAU no se regula ninguna posibilidad de que los arrendatarios puedan eludir sus obligaciones contractuales. Al contrario, el **artículo 35**, mediante remisión al art. 27.2, regula las causas de resolución del contrato en casos de incumplimiento, incluyendo entre las causas: «La falta de pago de la renta o, en su caso, de cualquiera de las cantidades cuyo pago haya asumido o corresponda al arrendatario».

Los contratos de arrendamiento de industria o negocio son aquellos mediante los cuales una persona cede a otra la explotación de su negocio por precio cierto y tiempo determinado. Según la jurisprudencia, la legislación aplicable a estos arrendamientos son los **artículos 1546** y siguientes del Código Civil («De los arrendamientos de fincas rústicas y urbanas») en todo lo no regulado por acuerdo entre las partes.

El 14 de marzo de 2020 se declaraba el estado de alarma mediante el Real Decreto 463/2020, de 14 de marzo, y se ordenaba el cierre al público de todos los locales y establecimientos minoristas que no fueran considerados actividad esencial.

El impacto económico perjudicial de los meses en que se mantuvieron cerrados los negocios y los meses posteriores en los que *el plan para la nueva normalidad* mantenía cierres perimetrales, restricciones de aforos de personas y otras limitaciones, supuso la imposibilidad de muchos arrendatarios de hacer frente al pago de la renta o la imposibilidad de hacerlo en la medida estipulada en sus contratos.

Posteriormente, el Real Decreto 926/2020, de 25 de octubre, acordó nuevamente el estado de alarma y mediante el Real Decreto 956/2020, de 3 de noviembre, se prorrogó hasta el 9 de mayo de 2021.

Según el informe publicado el 10 de febrero de 2021 por el Banco de España, se trataba de una **crisis económica sin precedentes** indicando que «el impacto del Covid-19 ha sido muy acusado en el área del euro (-6,8%) y, en particular, en nuestro país (-11 %)».

En este contexto surgió el debate de rescatar la cláusula *rebus sic stantibus* como mecanismo para adaptar los contratos y, particularmente, las rentas, a la realidad de ese momento de grave crisis sanitaria y económica existente a nivel mundial.

Cabe mentar el **auto del Juzgado de Primera Instancia, n.º 81 de Madrid, n.º 447/2020, ECLI:ES:JPI:2020:74A**, que fue pionero al **estimar la adopción de medidas cautelares** acordando la **reducción del 50 % de la** renta estipulada en el contrato, fundamentando la decisión en la **asfixia financiera del arrendatario** que podría conducirle al **cierre definitivo** del negocio:

«Dada la gravedad de la situación económica global, es patente que existe riesgo de que el negocio no pueda resistir, ya que, a pesar de que el local no abra al público, existen una serie de gastos fijos que han de seguir sufragándose, como es el caso de la renta arrendaticia una vez finalice el plazo del Real Decreto-Ley 15/2020, en cuanto a lo que aquí nos atañe. La satisfacción puntual de la totalidad de la renta pactada inicialmente, sin obtener ingresos que puedan soportar los egresos, incrementa el peligro de que el negocio termine clausurando como consecuencia de esa asfixia financiera. Cuánto tiempo podría aguantar la empresa en esas condiciones no se puede saber ex ante, máxime cuando la crisis sanitaria no ha llegado a su fin, pues no hay cura ni vacuna, y no se ha logrado un control o estabilización de la enfermedad».

Posteriormente, el Juzgado de Primera Instancia n.º 20 de Barcelona se convirtió en precursor al dictar la **primera sentencia (sentencia n.º 1/2021, de 8 de enero, ECLI:ES:JPI:2021:1) de nuestro país que aprobaba la aplicación de la cláusula** *rebus sic stantibus,* pues estimó la demanda de revisión o adaptación de contrato de arrendamiento de industria hotelera declarando procedente la reducción de renta del 50 % con efectos desde el 1 de abril de 2020 hasta el 31 de marzo de 2021:

«La pandemia del coronavirus provocó que el 14 de marzo se dictara el Real Decreto 463/2020 que declaró el estado de alarma para la gestión de la crisis sanitaria ocasionada por el Covid-19, y estableció el confinamiento domiciliario de toda la población salvo para casos muy concretos y justificados, suspendiéndose, por tanto, y entre otras, el ejercicio de la actividad de alquiler turístico. Esta suspensión se levantó el 9 de mayo, manteniéndose limitaciones en cuanto a la movilidad tanto a nivel nacional como internacional, situación que sigue en la actualidad. Las partes, al celebrar el contrato no podían prever la existencia de esta situación extraordinaria y de gran impacto en la economía mundial dado que no había sucedido con anterioridad, pudiéndose remontar, como situación análoga a la denominada gripe española de principios del s. XX. Por ello, se cumple sin duda el primero de los requisitos para poder aplicar la cláusula rebus sic stantibus».

Sobre la consideración de la pandemia por COVID-19 como un hecho imprevisible e inevitable se pronunció la **sentencia de la Audiencia Provincial de Barcelona, n.º 256/2022, de 30 de mayo, ECLI:ES:APB:2022:5749, afirmando** que: «Una circunstancia como la pandemia por Covid-19 que comenzó a afectar a nuestro país a principios de 2020 no puede calificarse sino como un suceso imprevisible e inevitable, lo que también es predicable de las medidas adoptadas por el gobierno para afrontar la crisis sanitaria asociada a la pandemia, especialmente las concernientes al confinamiento domiciliario, la restricción de la movilidad de personas y la suspensión de numerosas actividades de toda índole(…)».

CUESTIÓN

Si el contrato de arrendamiento se produjo entre la primera declaración del estado de alarma y la segunda, ¿cabría aplicar la *rebus sic stantibus* por considerar que esta segunda declaración también era imprevisible?

Remitiéndonos a la **sentencia de la Audiencia Provincial de Barcelona, n.º 845/2023, de 28 de diciembre, ECLI:ES:APB:2023:14948** podemos señalar que: «Es al menos cuestionable, por tanto, que pueda aceptarse la concurrencia del requisito de la previsibilidad inherente a la cláusula rebus sic stantibus. Las partes estaban en disponibilidad de identificar que la pandemia, con independencia de las previsiones más o menos optimistas de ciudadanos, mandatarios u organizaciones, no se encontraba completamente superada, y que por tanto concurría un riesgo acerca de la plena obtención de la finalidad del contrato de arrendamiento, tal como desafortunadamente se hizo patente escasas semanas después de la firma del contrato».

A TENER EN CUENTA. La jurisprudencia ha entendido que no procede alegar como excepción la cláusula rebus sic stantibus en un juicio de desahucio, pudiendo citar a modo de ejemplo la **sentencia de la Audiencia Provincial de Madrid, n.º 188/2024, de 25 de abril, ECLI:ES:APM:2024:6129**, de la que podemos extraer que: «La invocación de la cláusula rebus sic stantibus no puede prosperar por cuanto no es una excepción que pueda invocarse como oposición Se exige que el contratante que quiera invocar bien su imposibilidad de cumplir, bien la dificultad u onerosidad del cumplimiento por el cambio de circunstancias, adopte una postura activa. Tiene que formular demanda en el procedimiento declarativo correspondiente o deducir una reconvención si hubiere lugar a ello. Se está pidiendo que se declare la procedencia de aplicar esa cláusula excepcional para justificar el impago de la renta. La simple pretensión genérica de la demandada, interesando que dicha cláusula debe operar en el presente caso en relación con las rentas pertenecientes a las mensualidades en los que el local permaneció cerrado, por la situación creada por la pandemia, no pueden ser atendidas. Ni se plantea correctamente, ni se solicita nada concreto».

4.
PRESUPUESTOS PARA LA APLICACIÓN DE LA CLÁUSULA *REBUS SIC STANTIBUS*

¿Cuáles son los presupuestos para poder aplicar la cláusula rebus sic stantibus?

La cláusula *rebus sic stantibus* no está legalmente reconocida, sin embargo, la posibilidad de su aplicación por los tribunales ha sido reconocida por la doctrina, siendo la jurisprudencia quien ha definido esta figura. El Alto Tribunal es el encargado de delimitar las premisas para su admisión señalando en la **STS, n.º 65/1997, de 10 de febrero, ECLI:ES:TS:1997:855**, las siguientes:

- Debe producirse una alteración extraordinaria de las circunstancias en el momento de cumplir el contrato en relación con las concurrentes al tiempo de su celebración.

- Esta alteración ha de producir una desproporción exorbitante, fuera de todo cálculo, entre las prestaciones de las partes contratantes que verdaderamente derrumben el contrato por aniquilación del equilibrio de las prestaciones.

- Las dos condiciones anteriores acontezcan por la sobreveniencia de circunstancias radicalmente imprevisibles.

El cambio de características que podría generar un supuesto de aplicación de la regla de la *rebus sic stantibus* es más probable que sé de en un contrato de larga duración o tracto sucesivo que en contratos de corta duración, en los que es difícil que pueda acaecer algo extraordinario que afecte a la base del contrato y que no quede amparado dentro del riesgo propio de ese contrato (**STS n.º 156/2020, de 6 de marzo, ECLI:ES:TS:2020:791**).

> **CUESTIÓN**
>
> **¿Qué es un contrato de tracto sucesivo?**
>
> Conforme establece el Diccionario del Español Jurídico de la RAE el contrato de tracto sucesivo se define como el contrato en el que la ejecución de la pres-

tación tiene lugar de forma repetida y prolongada en el tiempo. Como ejemplo paradigmático del contrato de tracto sucesivo podemos referirnos al contrato de arrendamiento.

Han sido muchos los supuestos en los que el Alto Tribunal ha negado la aplicación de la cláusula *rebus sic stantibus* en contratos de tracto único al interpretar que resulta improbable que en este tipo de contratos pueda surgir un riesgo imprevisible. Gran parte de la jurisprudencia en este sentido deriva de supuestos compraventa pudiendo hacer referencia a las siguientes:

- En un supuesto en que el comprador de una finca urbana pretende la aplicación de la cláusula ya que la recalificación del terreno ha supuesto la pérdida del bien para el fin por el que se hizo la compra: **STS n.º 1048/2000, de 15 de noviembre, ECLI:ES:TS:2000:8311.**

«Finalmente, el contrato de compraventa celebrado entre las partes constituye un contrato de tracto único, que había sido cumplido de adverso y que no requería sino el pago del precio por la hoy recurrente y en esta clase de contratos la pretendida cláusula "rebus sic stantibus" es de aplicación aún más excepcional que en las de tracto sucesivo, como ha señalado la sentencia de esta Sala de 10 de febrero de 1997. Se trata en definitiva de un normal periculum emptoris y no incardinable en la referida cláusula».

- Para un caso en que la compraventa se hace mediante pago aplazado del precio: **STS n.º 313/2004, de 22 de abril, ECLI:ES:TS:2004:2638.**

«esta Sala entiende que el contrato de compraventa es un contrato de tracto único, no obstante la forma aplazada del precio; los contratos de tracto sucesivo dan lugar a obligaciones cuyo cumplimiento supone realizar prestaciones reiteradas durante cierto tiempo, lo que no ocurre en la compraventa aunque se pacte un aplazamiento del pago. Ahora bien, esta distinta calificación del contrato, no implica la casación y anulación de la sentencia, sino que su única consecuencia es que, como dice la sentencia de 15 de noviembre de 2000, "en esta clase de contratos la cláusula "rebus sic stantibus" es aún de aplicación más excepcional que en los de tracto sucesivo, como señala la sentencia de esta Sala de 10 de febrero de 1997"».

JURISPRUDENCIA

Sentencia del Tribunal Supremo n.º 156/2020, de 6 de marzo, ECLI:ES:TS:2020:791

Asunto: cláusula *rebus sic stantibus* en contrato de corta duración

«Para resolver la cuestión, hemos de partir de la jurisprudencia sobre la denominada cláusula rebus sic stantibus, que se contiene en la reciente sentencia 455/2019, de 18 de julio:
' según la doctrina jurisprudencial de larebus sic stantibus, la alteración de las circunstancias que puede provocar la modificación o, en último término, la resolución de un contrato, ha de ser de tal magnitud que incremente de modo significativo el riesgo de frustración de la finalidad del contrato. Y por supuesto, es preciso que ta-

> les circunstancias sobrevenidas fueran totalmente imprevisibles para los contratantes (sentencia del pleno 820/2012, de 17 de enero de 2013). Es condición necesaria para la aplicación de la regla 'rebus' la imprevisibilidad del cambio de circunstancias. Si las partes han asumido expresa o implícitamente el riesgo de que una circunstancia aconteciera o debieron asumirlo porque, en virtud de las circunstancias y/o naturaleza del contrato, tal riesgo era razonablemente previsible, no es posible apreciar la alteración sobrevenida que, por definición, implica lo no asunción del riesgo (recientemente sentencia 5/2019, de 9 de enero). No puede hablarse de alteración imprevisible cuando la misma se encuentra dentro de los riesgos normales del contrato (sentencias 333/2014, de 30 de junio, 64/2015, de 24 de febrero, y 477/2017, de 20 de julio, entre otras)'.
>
> El cambio de estas características que, bajo las premisas que establece la jurisprudencia, podría generar un supuesto de aplicación de la regla de la rebus sic stantibuses más probable que se dé en un contrato de larga duración, ordinariamente de tracto sucesivo. Pero no en un supuesto, como el presente, de contrato de corta duración, en el que difícilmente puede acaecer algo extraordinario que afecte a la base del contrato y no quede amparado dentro del riesgo propio de ese contrato».

4.1. Alteración extraordinaria, imprevisible y sobrevenida de las circunstancias

La cláusula *rebus sic stantibus* tiene por objeto solventar los problemas que pueden presentarse en la ejecución de un contrato cuando de forma sobrevenida se alteran las circunstancias concurrentes en el momento de celebración del contrato, siendo de tal entidad que aumente extraordinariamente la onerosidad para una de las partes o se constate que se frustre el propio fin del contrato. En este sentido se pronuncia la **STS n.º 559/2022, de 11 de julio, ECLI:ES:TS:2022:2917**:

> «No concurren los requisitos para aplicar la regla rebus sic stantibus, en que se funda dicha petición, puesto que la jurisprudencia de esta sala ha insistido constantemente en que la alteración de las circunstancias que puede provocar la de un contrato, ha de ser de tal magnitud que incremente de modo significativo el riesgo de frustración de la propia finalidad del contrato; y por supuesto, que tales circunstancias sobrevenidas fueran totalmente imprevisibles para los contratantes (por todas, sentencias 567/1997, de 23 de junio, y 5/2019, de 9 de enero, y las que en ellas se citan). Si las partes han asumido expresa o implícitamente el riesgo de que una circunstancia aconteciera o debieron asumirlo porque, en virtud de las circunstancias y/o naturaleza del contrato, tal riesgo era razonablemente previsible, no es posible apreciar la alteración sobrevenida que, por definición, implica lo no asunción del riesgo».

Esta alteración debe perjudicar gravemente a una de las partes de tal forma que se hace desaparecer el equilibrio o proporción entre las prestaciones de una y otra parte, no existiendo otro medio que permita subsanar este desequilibrio, tal como ha declarado la **SAP de Barcelona n.º 255/2024, de 16 de abril, ECLI:ES:APB:2024:4464**:

> «la operativa de la cláusula "rebus sic stantibus" requiere que en relación al contrato, el cambio circunstancial haga inalcanzable su finalidad económica o que destruya o prácticamente haga desaparecer el equilibrio o proporción entre las prestaciones de una y otra parte, no existiendo otro medio que permita subsanar el desequilibrio.
>
> Finalmente se expone que la alteración de las circunstancias ha de causar un daño, esto es debe perjudicar gravemente a una de las partes, haciendo que el cumplimiento del contrato sea demasiado costoso desde el punto de vista económico o personal».

La condición de que no existan otros medios para adaptar las obligaciones de las partes a las nuevas circunstancias deriva de la cualidad de imprevisibles, de tal forma que no es un riesgo inherente al tipo de contrato y por tanto las partes no han podido prever la posibilidad de que se produjese ese suceso.

CUESTIÓN

En un contrato de arrendamiento de local de negocio de larga duración en la que se incluye una cláusula de actualización de la renta, ¿es posible aplicar la cláusula *rebus sic stantibus* si se produce un aumento del volumen del negocio?

No, así lo ha declarado el **Tribunal Supremo en la sentencia n.º 243/2012, de 27 de abril, ECLI:ES:TS:2012:2868**, en la que señala:

> «Sin alterar estos elementos que han quedado probados (la transformación económica del país, el mayor canon a que debe hacer frente el superficiario y el aumento del volumen de negocio), la recurrente considera que ninguno de ellos constituye alguno de los presupuestos exigidos para la aplicación de la cláusula *rebus sic stantibus*.
>
> Esta Sala entiende que el transcurso del tiempo en contratos de tan prolongada duración como son los de arrendamiento, y la transformación económica de un país, producida, entre otros motivos, por dicho devenir, no puede servir de fundamento para el cumplimiento de los requisitos requeridos por la jurisprudencia para llegar a la existencia de un desequilibrio desproporcionado entre las prestaciones fundado en circunstancias imprevisibles, pues las circunstancias referidas no pueden tener tal calificación; en efecto, el contrato suscrito por los litigantes, en previsión, ya desde su inicio, de la gran duración del arrendamiento, contiene cláusulas de actualización de renta y, con la objetivo de evitar los desequilibrios desproporcionados derivados de la duración de los contratos de arrendamiento en general, la Ley de Arrendamientos Urbanos de 1994 integra normas de actualización de renta, como indica la demandada en este recurso».

La nota de imprevisibilidad de la alteración en las circunstancias no queda determinada por el carácter fortuito de la misma, sino que por un juicio de tipicidad contractual derivado de la base del negocio y especialmente del marco establecido respecto a la distribución del riesgo natural del contrato, esto es, para determinar que un hecho era imprevisible debe atenderse de lo pactado o de lo derivado del contrato. Esta nota de imprevisibilidad no debe apreciarse respecto de una abstracta posibilidad de la producción, sino que debe realizarse en el contexto económico y negocial en el que incide (**STS n.º 333/2014, de 30 de junio, ECLI:ES:TS:2014:2823**).

Como dispone el Alto Tribunal, deben excluirse de la aplicación de la cláusula los riesgos que deriven de la naturaleza y sentido de la relación obligatoria contemplada en el contrato, esto es, el «riesgo *normal*» inherente o derivado del contrato (**STS n.º 64/2015, de 24 de febrero, ECLI:ES:TS:2015:1698**).

De lo anterior se deduce que si las partes asumieron, tanto de forma expresa como de forma implícita, el riesgo de que una circunstancia pudiese acaecer o bien debieron asumirlo porque, en virtud de las circunstancias y/o naturaleza del contrato, tal riesgo era razonablemente previsible, no es posible apreciar la alteración sobrevenida que, por definición incide el Alto Tribunal, implica lo no asunción del riesgo (**STS n.º 5/2019, de 9 de enero, ECLI:ES:TS:2019:13**).

De esta forma el Tribunal Supremo ha considerado que **no concurría la nota de la imprevisibilidad en los siguientes supuestos:**

- Contrato firmado con una empresa hotelera y una empresa promotora de una obra donde construiría un inmueble que alquilaría a la primera. El Tribunal Supremo en la **sentencia n.º 19/2019, de 15 de enero, ECLI:ES:TS:2019:57** desestima la aplicación de la cláusula *rebus sic stantibus* invocada por la empresa hotelera con causa en la crisis económica del año 2008, y ello porque en el contrato se había distribuido el riesgo entre las partes mediante una cláusula de duración y desistimiento, y otra cláusula de renta mínima asegurada contra las contingencias del mercado.

- El Tribunal Supremo desestima en la **sentencia n.º 5/2019, de 9 de enero, ECLI:ES:TS:2019:13** la aplicación de la cláusula *rebus sic stantibus* en un contrato financiero en el que la inversión estaba vinculada directamente a la evolución del *net asset value* (NAV) o valor patrimonial neto del fondo subyacente porque entiende que el riesgo es implícito al contrato.

- En un contrato de compraventa en el que se recoge la posibilidad de subrogarse en el préstamo hipotecario el rechazo de la entidad financiera a la subrogación no se considera que sea circunstancia imprevisible que justifique la aplicación de la cláusula *rebus sic stantibus,* así lo ha señalado la **STS n.º 447/2017, de 4 de julio, ECLI:ES:TS:2017:2848**, la cual además establece:

> «Como regla general, la dificultad o imposibilidad de obtener financiación para cumplir un contrato es un riesgo del deudor, que no puede exonerarse alegando que no cumple sus obligaciones contractuales porque se han frustrado sus expectativas de financiarse. Como excepción, el deudor podrá excusarse cuando sea la otra parte quien haya asumido el riesgo de la financiación, por ejemplo asumiendo el compromiso de la financiación por un tercero o vinculando la eficacia del contrato principal a esta financiación».

Sin embargo, **sí ha considerado como riesgo imprevisible** los siguientes casos:

- En el contexto de un contrato de explotación de publicidad incluida en autobuses suscrito entre una sociedad mercantil cuyo socio único era el Ayuntamiento de Valencia y una empresa privada de publicidad la **STS n.º 333/2014, de 30 de junio, ECLI:ES:TS:2014:2823**, declaraba la aplicabilidad de la cláusula *rebus sic stantibus* con fundamento en que el riesgo de la crisis económica del año 2008 no era previsible a la hora de celebrar el contrato:

  «(…) aun siendo la empresa adjudicataria una empresa de relevancia del sector y, por tanto, conocedora del riesgo empresarial que entraña la explotación del negocio, no obstante, nada hacía previsible en el año 2006, momento de la contratación, del riesgo y la envergadura de la crisis económica que se revelaba dos años después de forma devastadora. De este contexto se comprende que en el momento de la contratación, de claras expectativas de crecimiento, solo se tuvieron en cuenta, de acuerdo con las prácticas negociales del sector, la participación de la empresa ofertante en el incremento esperado de la facturación en los años sucesivos, pero no la situación contraria o su posible modificación, caso que si ocurrió, de forma llamativa, cuando dicha empresa, ya en la situación de crisis del sector, y desligada del anterior contrato, adapta su nueva oferta de adjudicación a la realidad del nuevo contexto económico».

- La repercusión del incremento extraordinario de los ligantes asfálticos. la **sentencia del Tribunal Supremo de 26 de diciembre de 1990, ECLI:ES:TS:1990:9756**, reconoce como hecho imprevisible la sucesiva elevación del producto necesario para la ejecución del contrato, señalando al respecto:

  «Pues bien, en el supuesto de actual referencia, la sucesiva elevación del precio hasta alcanzar la suma que después se dirá, de un producto utilizado necesariamente en la obra contratada, como es el «ligante asfáltico», si bien no determinó la imposibilidad de ejecución de la obra -imposibilidad no deseada por ninguna de las partes contratantes-, sin embargo, dicha excesiva elevación de precio del aludido producto hizo sumamente oneroso el cumplimiento para el contratista de las prestaciones a las que se había obligado, pues los nuevos precios al alcanzar elevaciones razonablemente imprevisibles, aun empleando una especial diligencia, vinieron a modificar la estructura de los costes de la obra, con lo que es evidente la producción de una ruptura del primitivo equilibrio económico contractual».

- Crisis sanitaria ocasionada por el COVID-19. El Tribunal Supremo ha reconocido su excepcionalidad y por tanto justificante de aplicación de la cláusula *rebus sic stantibus* especialmente con relación a alquileres de locales. Como muestra la **STS n.º 466/2023, de 11 de abril, ECLI:ES:TS:2023:1304**:

  «"Como consecuencia de las medidas excepcionales adoptadas por el Real Decreto 463/2020, de 14 de marzo, por el que se declara el estado de alarma para la gestión de la situación de crisis sanitaria ocasionada por el COVID-19, muchas actividades económicas se han visto obligadas a suspender su actividad o a reducir drásticamente la misma.

(…)

"Ante esta situación, procede prever una regulación específica en línea con la cláusula "rebus sic stantibus", de elaboración jurisprudencial, que permite la modulación o modificación de las obligaciones contractuales si concurren los requisitos exigidos: imprevisibilidad e inevitabilidad del riesgo derivado, excesiva onerosidad de la prestación debida y buena fe contractual».

4.2. Desproporción exorbitante de las prestaciones de las partes

Otro requisito necesario para la aplicación de la cláusula *rebus sic stantibus* es que la alteración de las circunstancias haya ocasionado un **desequilibrio importante entre las prestaciones de las partes: que altere la base del negocio produciendo la frustración de la finalidad del contrato o un perjuicio grave y excesivamente oneroso para una de las partes.**

La imposibilidad que rompa el equilibrio puede ser física, legal o económica: «la imposibilidad de la prestación no sólo puede ser física o legal, sino económica, como cuando no produce ningún beneficio al que ha de recibirla, o cuando, como ocurre en el caso litigioso, es totalmente ruinosa para él recibirla. Existe entonces una frustración del fin del contrato, que impide jurídicamente su mantenimiento y facultado para resolverlo (…)» (**sentencia del Tribunal Supremo, n.° 344/1994, de 20 de abril, ECLI:ES:TS:1994:2665**).

Así, la alteración puede suponer la desaparición de la base del negocio (por ejemplo, por el cierre del negocio que permite pagar la renta) o bien, sin ser su desaparición, una afectación tan significativa para una de las partes contratantes que le impidan cumplir sus prestaciones en la forma pactada y prevista en el contrato.

Por lo tanto, la excesiva onerosidad puede venir determinada por:

a) Una frustración de la finalidad económica del contrato (es decir que afecte a su viabilidad).

b) Una alteración significativa o ruptura de la relación de equivalencia de las contraprestaciones (es decir, que afecte a la conmutatividad).

En este sentido determina la **sentencia del Tribunal Supremo n.° 333/2014, de 30 de junio, ECLI:ES:TS:2014:2823,** que la base económica del contrato, como parámetro de la relevancia del cambio, esto es, de la excesiva onerosidad, permite que en el tratamiento de la relación de equivalencia sea tenida en cuenta la actividad económica o de explotación de la sociedad o empresario que deba realizar la prestación comprometida y, señala que desde esta perspectiva puede apreciarse la excesiva onerosidad en el incremento de los costes de preparación y ejecución de la prestación en aquellos supuestos en donde la actividad económica o de explotación, por el cambio operado de las circunstancias, lleve al negocio a dos posibles situaciones:

a) A un resultado reiterado de pérdidas (imposibilidad económica).

b) A la completa desaparición de cualquier margen de beneficio (falta del carácter retributivo de la prestación).

En ambos casos, dispone el Alto Tribunal «por mor de la tipicidad contractual de la figura, el resultado negativo debe desprenderse de la relación económica que se derive del contrato en cuestión, sin que quepa su configuración respecto de otros parámetros más amplios de valoración económica: balance general o de cierre de cada ejercicio de la empresa, relación de grupos empresariales, actividades económicas diversas, etc.», es decir, el desequilibrio se valora analizando el contrato, la finalidad del mismo y la relación negocial del contrato concreto.

Ese desequilibrio que causa la alteración de las circunstancias es lo que justifica precisamente la aplicación de la cláusula para reequilibrar las prestaciones. Disponía el Tribunal Supremo en **sentencia n.º 514/2010, de 21 de julio, ECLI:ES:TS:2010:3901**, que los tribunales pueden aplicar la cláusula «en orden a corregir los efectos absolutamente desviados para el equilibrio contractual que se producirían en beneficio de una de las partes si se mantuvieran en sus propios términos las obligaciones establecidas en un contrato cuando la base del mismo ha desaparecido y, en consecuencia, existe un claro desequilibrio entre la posición contractual de las partes que rompe definitivamente la pretendida equivalencia de las prestaciones en un contrato que evidentemente se configuró con carácter oneroso y conmutativo». En el mismo sentido, la **STS n.º 591/2014, de 15 de octubre, ECLI:ES:TS:2014:5090**, admitía la revisión de la renta de un contrato de arrendamiento basándose en las pérdidas en las que incurrirán los hoteles arrendados como consecuencia de una bajada general de la rentabilidad de los hoteles urbanos: «particularmente referenciada en aquellos supuestos en donde la actividad económica o de explotación, por el cambio operado de las circunstancias comporta un resultado reiterado de pérdidas (inviabilidad económica) o la completa desaparición de cualquier margen de beneficio (falta de carácter retributivo de la prestación)».

5.
MEDIDAS EN APLICACIÓN DE LA CLÁUSULA *REBUS SIC STANTIBUS*

Aplicación de la cláusula *rebus sic stantibus*

La aplicación de cláusula *rebus sic stantibus* se realiza siempre a instancia de la persona interesada. Esta parte tiene dos vías para solicitar la aplicación de la cláusula:

- Mediante acuerdo alcanzado entre las partes formalizado en documento de novación contractual o, en su caso, de resolución. Este acuerdo encuentra su fundamento en el art. 1255 del CC que consagra la libertad de pactos en virtud del principio de autonomía de la voluntad.

- Solicitud al juzgado, que se realizará por medio de demanda para la modificación o resolución del contrato. En caso de que se acuda a la vía judicial se puede instar, con anterioridad a la presentación de la demanda o de manera simultánea con la misma, que se adopten medidas cautelares.

CUESTIÓN

¿Es posible oponer la cláusula *rebus sic stantibus* por vía de excepción en la contestación a la demanda?

No. Es necesario que la misma se formule de manera expresa por medio de demanda reconvencional, tal y como señala la STS, n.° 966/2023, de 19 de junio, ECLI:ES:TS:2023:2770:

«(…) esta sala ha declarado en relación con la oponibilidad de la cláusula rebus sic stantibus en los juicios plenarios que la mera referencia a la misma por vía de excepción en un escrito de contestación a la demanda no es suficiente para justificar un pronunciamiento específico sobre ella (sentencia 822/2012, de 18 de enero) y que su posible ejercicio requiere su formulación expresa mediante una demanda reconvencional (sentencia 658/2012, 14 de noviembre).

Lo que resulta lógico a todas luces ya que con el planteamiento de la cláusula mencionada se introduce en el proceso una nueva pretensión y se amplía indefectiblemente su objeto como consecuencia del ejercicio de una nueva acción que debe sustanciarse con todas las garantías (también para la parte reconvenida), enjuiciarse y resolverse en la sentencia decidiendo si se concede la tutela jurisdiccional pretendida por la parte reconviniente (…)».

Ha de tenerse en cuenta que algunos tribunales, como reflejo del principio de buena fe, exigen para la aplicación judicial de la cláusula *rebus sic stantibus* que las partes hayan intentado negociar la modificación del contrato y no hayan llegado a acuerdo sobre la cuestión, un ejemplo de esto es la **sentencia del Juzgado de Primera Instancia n.º 20 de Barcelona, n.º 1/2021, de 8 de enero, ECLI:ES:JPI:2021:1**. Esta exigencia la extraen del art. 6:111 de los Principios Europeos de los Contratos (PEDC) conforme a lo establecido por el Tribunal Supremo en sentencias como la **STS, n.º 5/2019, de 9 de enero, ECLI:ES:TS:201913**:

> «Aunque los Principios de Derecho Europeo de los Contratos no tienen carácter vinculante, la jurisprudencia de esta sala los ha utilizado reiteradamente como criterios interpretativos de las normas de derecho interno. Verbigracia, la sentencia 1180/2008, de 17 de diciembre, señala que 'el origen común de las reglas contenidas en el texto de los Principios de Derecho Europeo de los Contratos (PECL) permite utilizarlos como texto interpretativo de las normas vigentes en esta materia en nuestro Código civil', y cita múltiples sentencias en las que se han utilizado estos principios con esos fines».

5.1. Medidas cautelares

El art. 721.1 de la LEC señala que:

> «Bajo su responsabilidad, todo actor, principal o reconvencional, podrá solicitar del tribunal, conforme a lo dispuesto en este Título, la adopción de las medidas cautelares que considere necesarias para asegurar la efectividad de la tutela judicial que pudiera otorgarse en la sentencia estimatoria que se dictare».
>
> Es por tanto necesario que sea la parte que solicita la aplicación de la *cláusula rebus sic stantibus* quien solicite que se adopten medidas cautelares con el fin de evitar que durante la pendencia del procedimiento puedan verse perjudicados sus intereses.

La posibilidad de que se adopten medidas cautelares en el ámbito de la cláusula *rebus sic stantibus* ha sido reconocida por los tribunales en numerosas resoluciones. A modo de ejemplo, podemos referirnos al **auto del Juzgado de Primera Instancia, n.º 2 de Benidorm n.º 162/2020, de 7 de julio, ECLI:ES:JPI:2020:20A**, y el **auto del Juzgado de Primera Instancia n.º 81 de Madrid n.º 447/2020, de 25 de septiembre, ECLI:ES:JPI:2020:74A**, los cuales en el ámbito de la pandemia provocada por el COVID-19 establecieron medidas cautelares en supuestos de arrendamientos de locales que ante la circunstancia sobrevenida de limitaciones solicitaban la modificación del contrato por la vía de la cláusula *rebus sic stantibus,* y la adopción como medida cautelar de la reducción de las rentas de alquiler.

CUESTIÓN

En caso de que como medida cautelar se solicite una reducción de rentas y teniendo en cuenta que esto supone una modificación del contrato, ¿puede entenderse que no puede acordarse por prejuzgar el fondo del asunto?

No, debemos atender en este caso a lo establecido en el **art. 726.2 de la LEC** y ponerlo en relación con el contexto de excepcionalidad que da lugar a la cláusula *rebus sic stantibus*, así lo recoge el **AAP de Barcelona n.º 7/2023, de 18 de enero, ECLI:ES:APB:2023:69A**:

«Sin embargo, como se señala en el auto recurrido, donde se aplica el art.726.2 LEC, hay que situarse dentro del contexto de excepcionalidad provocada por la pandemia del Covid-19, y puede que, como en el caso que nos ocupa, la medida (parcialmente) anticipatoria del fallo tienda a asegurar la efectividad de la tutela judicial que pueda llegar a otorgarse en una eventual sentencia estimatoria, pese a que no haya sido hasta ahora lo habitual (...)

Como señala el Auto de la Sección 13ª de esta Audiencia de 21 de octubre de 2021 (ROJ: AAP B 10206/2021 - ECLI:ES:APB:2021:10206A), " A ello no se opone, de un lado, el dato de que las medidas cautelares tengan cierto carácter anticipatorio, porque han de ser así so pena de desvirtuar, si este fuera un impedimento absoluto, que no lo es, la propia finalidad jurídica de una acción basada en la cláusula "rebus sic stantibus", que pretende, ante circunstancias extraordinarias sobrevenidas y en contratos que deben desarrollar sus efectos a lo largo de un cierto lapso de tiempo, que se mantenga, normalmente con conservación del contrato, el equilibrio prestacional"».

La solicitud de las medidas cautelares debe realizarse en el escrito de demanda conforme establece el art. 730.1 de la LEC. El apartado 2 de este mismo precepto posibilita que la solicitud se realice antes de la interposición de la demanda, estableciendo al efecto:

«Podrán también solicitarse medidas cautelares antes de la demanda si quien en ese momento las pide alega y acredita razones de urgencia o necesidad.

En este caso, las medidas que se hubieran acordado quedarán sin efecto si la demanda no se presentare ante el mismo Tribunal que conoció de la solicitud de aquéllas en los veinte días siguientes a su adopción. El Letrado de la Administración de Justicia, de oficio, acordará mediante decreto que se alcen o revoquen los actos de cumplimiento que hubieran sido realizados, condenará al solicitante en las costas y declarará que es responsable de los daños y perjuicios que haya producido al sujeto respecto del cual se adoptaron las medidas».

Para que se puedan adoptar las medidas cautelares es necesario que concurran ciertos requisitos:

Periculum in mora o peligro por la mora del proceso

El art. 728.1 de la LEC dispone:

«1. Sólo podrán acordarse medidas cautelares si quien las solicita justifica, que, en el caso de que se trate, podrían producirse durante la pendencia del proceso, de no adoptarse las medidas solicitadas, situaciones que impidieren o dificultaren la efectividad de la tutela que pudiere otorgarse en una eventual sentencia estimatoria.

No se acordarán medidas cautelares cuando con ellas se pretenda alterar situaciones de hecho consentidas por el solicitante durante largo tiempo, salvo que éste justifique cumplidamente las razones por las cuales dichas medidas no se han solicitado hasta entonces».

Esto supone que el solicitante de las medidas debe justificar que en caso de que no se adopten podrán producirse durante la pendencia del proceso situaciones que impidieren o dificultaren la efectividad de la tutela que pudiera otorgarse en una eventual sentencia estimatoria.

En el caso de la cláusula *rebus sic stantibus* en contratos de arrendamiento de locales, los tribunales han aceptado que el *periculum in mora* puede aceptarse por la concurrencia de riesgo de viabilidad de la compañía. Así lo recogen el **AAP de Málaga n.° 412/2023, de 31 de julio, ECLI:ES:APMA:2023:1872A** y el **AAP de Barcelona n.° 7/2023, de 18 de enero, ECLI:ES:APB.2023:69A**.

Fumus boni iuris o apariencia de buen derecho

El **art. 728.2 de la LEC** dispone:

«El solicitante de medidas cautelares también habrá de presentar con su solicitud los datos, argumentos y justificaciones documentales que conduzcan a fundar, por parte del Tribunal, sin prejuzgar el fondo del asunto, un juicio provisional e indiciario favorable al fundamento de su pretensión. En defecto de justificación documental, el solicitante podrá ofrecerla por otros medios de prueba, que deberá proponer en forma en el mismo escrito».

Señala la Audiencia Provincial de Madrid en el **auto n.° 255/2023, de 14 de septiembre, ECLI:ES:APM:2023:2437A**, que la apariencia de buen derecho debe alegarse y probarse por quien solicita la medida mediante la aportación de elementos bastantes que permitan de entrada comprobar la existencia verosímil de ese derecho, sin perjuicio de que será en el proceso principal donde se deberá acreditar de forma cumplida su realidad. Esta exigencia viene justificada en el hecho de que es necesario dar la tutela pedida pero también evitar abusos y utilizaciones espurias de este mecanismo legal.

Dentro de un proceso en el que se solicita la aplicación de la cláusula *rebus sic stantibus* la prueba del *fumus boni iuris* ha de consistir en demostrar que concurren los requisitos para la aplicación de la misma.

CUESTIÓN

¿Cuáles son los presupuestos de aplicación de la cláusula *rebus sic stantibus*?

Las premisas de admisión de la cláusula son:

- Debe producirse una alteración extraordinaria de las circunstancias en el momento de cumplir el contrato en relación con las concurrentes al tiempo de su celebración.

- Esta alteración ha de producir una desproporción exorbitante, fuera de todo cálculo, entre las prestaciones de las partes contratantes que verdaderamente derrumben el contrato por aniquilación del equilibrio de las prestaciones.

- Las dos condiciones anteriores acontezcan por la sobreveniencia de circunstancias radicalmente imprevisibles.

Prestar caución suficiente

Señala el **art. 728.3 de la LEC**:

«Salvo que expresamente se disponga otra cosa, el solicitante de la medida cautelar deberá prestar caución suficiente para responder, de manera rápida y efectiva, de los daños y perjuicios que la adopción de la medida cautelar pudiera causar al patrimonio del demandado.

El tribunal determinará la caución atendiendo a la naturaleza y contenido de la pretensión y a la valoración que realice, según el apartado anterior, sobre el fundamento de la solicitud de la medida.

La caución a que se refiere el párrafo anterior podrá otorgarse en cualquiera de las formas previstas en el párrafo segundo del apartado 3 del artículo 529».

Este precepto determina que en el escrito de petición de la medida cautelar se ofrezca la prestación de caución, especificando de qué tipo o tipos se ofrece y con justificación del importe que se propone, que ha de ser suficiente para responder de manera rápida y efectiva de los daños y perjuicios que la adopción de la medida cautelar pueda causar al patrimonio del demandado (**AAP de Valencia n.° 387/2023, de 22 de diciembre, ECLI:ES:APV:2023:2581A**).

CUESTIÓN

¿En qué formas puede constituirse la caución?

Conforme establece el párrafo segundo del art. 529.3 de la LEC la caución podrá constituirse:

- Dinero en efectivo.

- Aval solidario de duración indefinida y pagadero a primer requerimiento emitido por entidad de crédito o sociedad de garantía recíproca.

- Cualquier otro medio que, a juicio del tribunal, garantice, la inmediata disponibilidad, en su caso, de la cantidad de que se trate.

Instrumentalidad y proporcionalidad

Señala el **art. 726.1 de la LEC**:

«1. El tribunal podrá acordar como medida cautelar, respecto de los bienes y derechos del demandado, cualquier actuación, directa o indirecta, que reúna las siguientes características:

1ª. Ser exclusivamente conducente a hacer posible la efectividad de la tutela judicial que pudiere otorgarse en una eventual sentencia estimatoria, de modo que no pueda verse impedida o dificultada por situaciones producidas durante la pendencia del proceso correspondiente.

2ª. No ser susceptible de sustitución por otra medida igualmente eficaz, a los efectos del apartado precedente, pero menos gravosa o perjudicial para el demandado».

Este precepto supone que la adopción de medidas cautelares exige la concurrencia de los presupuestos de:

- Instrumentalidad: exclusivamente conducente a posibilitar la efectividad de la futura sentencia y adecuada para la protección del derecho objeto de la controversia
- Proporcionalidad: la medida ha de suponer la solución menos gravosa en el caso de que se trate.

La Audiencia Provincial de Málaga ha delimitado el concepto de instrumentalidad de tal forma que el **auto n.º 401/2023, de 6 de junio, ECLI:ES:APMA:2023:1628A**, establece:

«La premisa de la instrumentalidad de la medida cautelar (exigida por el artículo 726 de la LEC), supone, en sentido estricto, como sostiene la Audiencia Provincial de Madrid, en su auto de fecha 11 de septiembre de 2015, que ésta no pueda constituir un fin en sí misma, sino que debe ser un instrumento accesorio del proceso principal que la ley articula para hacer posible que la tutela judicial que en él se pretende resulte efectiva. Para que ello pueda producirse será necesario, además, que los efectos jurídicos que se persigan con la medida estén directamente relacionados con los de la sentencia que eventualmente debería resolver el litigio principal en favor del solicitante de la tutela cautelar, lo que exige el planteamiento de una medida adecuada para la protección del derecho objeto de controversia (se habla así de la necesidad de idoneidad de la medida porque deba tener conexión con el previsible resultado del litigio que se pretende proteger). Ello podrá conseguirse mediante la conservación de una determinada situación previa al conflicto, mediante el aseguramiento de lo que se pretenda obtener o incluso mediante una satisfacción anticipada, con carácter provisional, de la pretensión esgrimida, de modo que, mientras dura el trámite procesal, que exige unas garantías que implican la inversión de tiempo, no se consuman situaciones incompatibles con las expectativas de defensa de los derechos con las que se acudió a juicio. La idoneidad de la medida cautelar se debe valorar, por lo tanto, en función de la necesidad de garantizar lo que el juez pudiera tener que fallar o de anticipar provisionalmente los efectos de esa futura resolución judicial».

5.2. Modificación, suspensión o resolución del contrato

El Tribunal Supremo en la **sentencia n.º 333/2014, de 30 de junio, ECLI:ES:TS:2014:2823**, ha establecido que la compatibilidad de la cláusula *rebus sic stantibus* con el ordenamiento jurídico se encuentra justificada, entre otras, en la condición de que respete el principio de conservación que se deduce del art. 1284 del CC, entre otros. Esto supone que en las decisiones sobre la cláusula la resolución del contrato debe ser excepcional, quedando reservada a los casos más graves, debiendo optar los tribunales por la conservación y modificación del contrato con el fin de adaptarlo a las circunstancias.

El principio de conservación de los contratos o *favor contractus* se ha consolidado como un canon hermenéutico que informa nuestro ordenamiento jurídico, así lo ha declarado la **STS n.º 827/2012, de 15 de enero de 2013, ECLI:ES:TS:2013:1153**, en la que establece:

> «Siguiendo esta línea, la cuestión se vislumbra de un modo más nítido si nos preguntamos por el alcance sistemático que posibilita el ámbito conceptual de la figura, particularmente del principio de conservación de los contratos o "favor contractus". Este principio no solo se ha consolidado como un canon hermenéutico que informa nuestro ordenamiento jurídico, con múltiples manifestaciones al respecto, sino también como un elemento instrumental decisivo en la construcción de un renovado Derecho Contractual Europeo conforme a lo dispuesto en los principales textos de armonización, como la Convención de Viena, los Principios de Derecho Europeo de la Contratación (PECL) y, particularmente, la propuesta de Anteproyecto de Ley de Modernización del Código Civil en materia de Obligaciones y Contratos».

6.
IMPORTANCIA DE LA CLÁUSULA
REBUS SIC STANTIBUS
EN LA PANDEMIA

La cláusula *rebus sic stantibus* en la pandemia

A causa de la crisis causada por la pandemia del COVID-19 fueron dictados una serie de reales decretos ley con el fin de paliar sus efectos en el ámbito económico y mitigar el impacto causado a los arrendatarios mediante el ajuste del contrato a la situación excepcional.

|| Real Decreto-ley 11/2020, de 31 de marzo

Este real decreto-ley, dictado el 31 de marzo de 2020 y publicado el 1 de abril de 2020 en el Boletín Oficial del Estado, tenía como finalidad proteger a los arrendatarios de vivienda habitual en situación de vulnerabilidad que se vieron gravemente afectados por la crisis económica derivada de la pandemia. Según su exposición de motivos la crisis sanitaria estaba teniendo, en marzo de 2020, un impacto directo en la economía y la sociedad, en las cadenas productivas del día a día de los ciudadanos y en los mercados financieros. Por esta razón, explicaba, era necesaria una política económica orientada a ayudar a los más vulnerables.

Para ello, se aprobaron tres medidas fundamentales, todas ellas dirigidas a personas en situación de vulnerabilidad:

- Suspender el procedimiento de desahucio y lanzamientos de viviendas habituales.
- Prorrogar extraordinariamente los contratos de arrendamiento de vivienda habitual.
- Procurar la moratoria de la deuda arrendaticia para las personas arrendatarias de vivienda habitual.

Prórroga extraordinaria de los contratos de arrendamiento de vivienda habitual

El **art. 2 del Real Decreto-ley** establecía una prórroga extraordinaria del plazo del contrato de arrendamiento por un período máximo de 6 meses durante los cuales se seguirían aplicando los términos y condiciones establecidos para el contrato en vigor. Esta prórroga debía ser solicitada por el arrendatario y debería ser aceptada por el arrendador, salvo que se hubiesen fijado otros términos o condiciones por acuerdo de las partes o que el arrendador hubiese comunicado la necesidad de ocupar la vivienda arrendada para destinarla a vivienda permanente para sí o para sus familiares en primer grado de consanguinidad o por adopción o para su cónyuge en los supuestos de sentencia firme de separación, divorcio o nulidad.

CUESTIÓN

¿A qué contratos era aplicable esta prórroga extraordinaria?

En los contratos de arrendamiento de vivienda habitual sujetos a la Ley 29/1994, de 24 de noviembre, de Arrendamientos Urbanos, en los que, dentro del periodo comprendido desde la entrada en vigor del real decreto-ley y hasta el 28 de febrero de 2022, finalizara el periodo de prórroga obligatoria previsto en el **artículo 9.1**, o el periodo de prórroga tácita previsto en el **artículo 10.1** (ambos artículos de la referida Ley 29/1994, de 24 de noviembre, de Arrendamientos Urbanos).

Moratoria de la deuda arrendaticia para las personas arrendatarias de vivienda habitual

En este caso podía el arrendatario solicitar el aplazamiento temporal y extraordinario en el pago de la renta, siempre que dicho aplazamiento o la condonación total o parcial de la misma no se hubiera conseguido ya con carácter voluntario por acuerdo de ambas partes. Las condiciones del aplazamiento eran diferentes según el arrendador fuera:

- Gran tenedor y empresa o entidades públicas de vivienda, que resultaba de aplicación el **art. 4 del Real Decreto-ley 11/2020, de 31 de marzo**.
- Otros arrendadores, a los que se les aplicaba lo dispuesto en el **art. 8 del Real Decreto-ley 11/2020, de 31 de marzo**.

Real Decreto-ley 15/2020, de 21 de abril

Una de las finalidades de este real decreto-ley fue dictar una serie de medidas para reducir los costes operativos de pymes y autónomos, para lo que establece un procedimiento que permita que las partes puedan llegar a un acuerdo para la modulación del pago de rentas de los alquileres de los locales. Las medidas que se establecieron fueron:

Moratoria en casos de arrendadores grandes tenedores o empresa o entidad pública de vivienda

Si el arrendador es empresa o entidad pública de vivienda, o un gran tenedor, el arrendatario podía solicitar en el plazo de un mes desde la entrada en vigor del real decreto-ley, que tuvo lugar el 23 de abril de 2020, una moratoria que debía ser aceptada por el arrendador. Esta moratoria se podía solicitar de forma subsidiaria a un acuerdo entre las partes.

La moratoria prevista normativamente consistía en el aplazamiento de las rentas correspondientes a los meses de vigencia del estado de alarma, sus prórrogas y las mensualidades siguientes, prorrogables una a una, si aquel plazo fuese insuficiente, sin superar en cualquier caso los cuatro meses.

Esta moratoria impedía cualquier penalización o devengo de intereses y su devolución, a falta de acuerdo, tendría lugar mediante el fraccionamiento de las cuotas en un plazo de dos años, a contar a partir del momento en el que se supere la situación que motivó la moratoria, o a partir de la finalización del plazo de los cuatro meses, y siempre dentro del plazo de vigencia del contrato de arrendamiento o cualquiera de sus prórrogas.

| Moratoria en caso de otros arrendadores

En caso de otros arrendadores se preveía que los arrendatarios pudiesen solicitar de la persona arrendadora, en el plazo de un mes, desde la entrada en vigor (recordemos, el 23 de abril de 2020) el aplazamiento extraordinario en el pago de la renta, de forma subsidiaria a cualquier acuerdo entre las partes.

Asimismo, el decreto habilitaba la posibilidad de que las partes pudiesen disponer libremente de la fianza prevista en el artículo 36 de la Ley 29/1994, de 24 de noviembre, que podía servir para el pago total o parcial de alguna o algunas mensualidades de la renta arrendaticia. Y, en este caso, el arrendatario debería reponer el importe de la fianza dispuesta en el plazo de un año desde la celebración del acuerdo o en el plazo que reste de vigencia del contrato, en caso de que este plazo fuera inferior a un año.

|| Real Decreto-ley 35/2020, de 22 de diciembre

Este real decreto también se encargó de la protección de la pymes y autónomos estableciendo un nuevo procedimiento para que los arrendatarios pudiesen solicitar una rebaja en la renta en caso de que el arrendador fuese un gran tenedor, empresa o entidad pública. Por medio de este Real Decreto-ley 35/2020, de 22 de diciembre, se le concedió al arrendatario dos alternativas:

- Una reducción del 50 por ciento de la renta arrendaticia durante el tiempo que dure el estado de alarma declarado por Real Decreto 926/2020, de 25 de octubre, y sus prórrogas y podrá extenderse a las mensualidades siguientes, hasta un máximo de cuatro meses.

- Una moratoria en el pago de la renta arrendaticia que se aplicaría durante el estado de alarma declarado por Real Decreto 926/2020, de 25 de octubre y sus prórrogas, y podría extenderse a las mensualidades siguientes, hasta un máximo de cuatro meses. Este aplazamiento no podía suponer penalización ni devengo de intereses y el pago aplazado de las rentas se podrá realizar durante un periodo de dos años a contar desde la finalización de la moratoria, y siempre dentro del plazo a lo largo del cual continúe la vigencia del contrato de arrendamiento o cualquiera de sus prórrogas, repartiéndose los importes aplazados de manera proporcional a lo largo del período.

En caso de que el arrendador no tuviera la condición de gran tenedor o empresa o entidades públicas el arrendatario podía solicitar el aplazamiento temporal y extraordinario en el pago de la renta, de forma subsidiaria a los acuerdos entre las partes.

La cláusula *rebus sic stantibus* y los reales decretos

Con la aprobación de los reales decretos a los que hemos hecho referencia como respuesta a la situación generada por la pandemia del COVID-19, se cuestiona si resulta de aplicación la cláusula *rebus sic stantibus* a los contratos referidos en dicha normativa. La posibilidad de aplicar la cláusula *rebus sic stantibus* en caso de que en el contrato no se cumplan los requisitos para la aplicación de los reales decretos ha sido reconocido por la Audiencia Provincial de Barcelona en la **sentencia n.º 321/2023, de 22 de mayo, ECLI:ES:APB:2023:5342**, la cual dispone:

> «4. Puede cuestionarse la procedencia de aplicar esta doctrina sobre el cambio de circunstancias cuando se han dictado normas relativas a la situación de crisis económica derivada de la pandemia, sin que se haya comprendido en ellas la posibilidad de disminución de la renta mientras duraron las restricciones a la actividad de restauración. Los Reales Decretos-Ley 15/2020, de 21 de abril, y 35/2020, de 22 de diciembre, se refieren a la repercusión de la pandemia en los arrendamientos y establecieron medidas de alcance muy limitado. Muy inferior al pretendido en este caso.
>
> Es ciertamente una cuestión discutible si, habiéndose dictado normas sobre esta crisis, cabe aplicar, al margen de ellas, la doctrina que se examina, con alcance distinto y mucho más amplio que el establecido en las indicadas normas. El Tribunal Supremo no se ha pronunciado todavía y la mayoría de las audiencias lo están haciendo en el sentido de considerar aplicable la doctrina de la rebus sic stantibus. La doctrina tal como ha sido configurada por la jurisprudencia y con efectos generales, es decir no limitados a los que establecen las normas dictadas. Esta sala se inclina también por el mismo criterio porque, en definitiva, los decretos-ley mencionados establecieron unas medidas concretas, pero no excluyeron que se aplicase esta doctrina, que se menciona en ellos. Se menciona en el sentido de ser una aplicación de la misma lo que se acuerda en las repetidas normas, pero sin excluir, como decimos, que se apliquen otros efectos más generales, que son los auténticamente indicados, a partir de dicha doctrina y teniendo en cuenta el alcance de la situación vivida».

A consecuencia de que el Real Decreto 15/2020, de 21 de abril, tan solo permitiese establece la mora y no una rebaja de la renta, fueron muchas las sentencias de juzgados de primera instancia que reconocieron la posibilidad de aplicar la cláusula *rebus sic stantibus*, aun cuando existiera esa regulación especial para hacer frente a la circunstancia excepcional. Como muestra de estas resoluciones:

Auto del Juzgado de Primera Instancia n.º 81 de Madrid n.º 447/2020, de 25 de septiembre, ECLI:ES:JPI:2020:74A

«Evidentemente, la previsión del Real Decreto-Ley 15/2020 no es óbice per sea una futura posible aplicación de la cláusula rebus sic stantibus alegada en la demanda, pues dicho Real Decreto-Ley se centra en los efectos más inmediatos de la crisis, mientras que la cláusula rebus parece tener por finalidad permitir que el negocio pueda superar el bache económico vivido y el contrato de arrendamiento pueda cumplir con la duración que se le concedió. Por mucho que el Preámbulo del Real Decreto-ley 15/2020, de 21 de abril, de medidas urgentes complementarias para apoyar la economía y el empleo, anuncie que en su articulado se prevé 'una regulación específica en línea con la cláusula 'rebus sic stantibus', de elaboración jurisprudencial, que permite la modulación o modificación de las obligaciones contractuales', no se comparte la interpretación de algún autor, de que las medidas previstas en dicho Decreto Ley sean las únicas de las que puedan beneficiarse los arrendatarios al amparo de dicha doctrina; es perfectamente factible que el arrendatario intente la aplicación de la cláusula rebus para el ajuste del contrato según las verdaderas necesidades del caso concreto, pues, en nuestro supuesto, la norma no ofrece una solución para el concreto desajuste sufrido por los arrendatarios/demandados».

Sentencia del Juzgado de Primera Instancia n.º 20 de Barcelona n.º 1/2021, de 8 de enero, ECLI:ES:JPI:2021:1

«25. Señala la parte demandada que el sistema de fuentes es el que establece el artículo 1 Cc (ley costumbre y principios generales del derecho), sirviendo la jurisprudencia para complementar el ordenamiento jurídico (art. 1.4 Cc). Por ello, si una ley como es el RDLey 15/2020 ha recogido la cláusula rebus sic stantibus de una manera concreta ante una situación excepcional, como es la pandemia del Coronavirus, esa es la norma a tener en cuenta sin que se puedan exigir al arrendador aceptar otras consecuencias no previstas en la ley en base a una doctrina de creación jurisprudencial.

26. Teniendo en cuenta lo manifestado por el letrado, hay que indicar que la cláusula rebus sic stantibus no es solo una creación jurisprudencial, sino que es la plasmación de un principio general del derecho en materia de obligaciones y contratos como se constata en el hecho de estar recogida la posibilidad de modificar el contrato ante un cambio sobrevenido e imprevisible de las circunstancias en el artículo 6:111 PEDC. Por ello, como principio general de las obligaciones también es fuente del derecho destacando que el artículo 1.4 Cc prevé que los principios generales del derecho se aplicarán en defecto de ley o costumbre, 'sin perjuicio de su carácter informador del ordenamiento jurídico'. Este carácter informador que se le atribuye a los principios generales del derecho hace que se tengan que tener en cuenta para interpretar la legislación, tanto la regulación del Código civil en materia de contratos como el RDLey 15/2020. Además, dicha normativa se tiene que interpretar también teniendo en cuenta los criterios de interpretación que recoge el artículo 3 Cc y que se remite al sentido propio de sus palabras ' en relación con el contexto, los antecedentes históricos y legislativos, y la realidad social del tiempo en que han de ser aplicadas, atendiendo fundamentalmente al espíritu y finalidad de aquellas'

27. Tomando todos estos elementos en su conjunto y haciendo una interpretación finalista y conforme a los principios de buena fe y de equidad que son la base de las relaciones contractuales, entiendo que el RDL 15/2020 no impide que una parte, en este caso el arrendatario, solicite otra consecuencia jurídica distinta de la mora en el pago de la renta que establece el citado texto normativo, si entiende que con esa consecuencia no se produce el equilibrio contractual ni se restablece la base del negocio. En apoyo de esta conclusión indicaré los siguientes argumentos».

7.
DIFERENCIAS ENTRE LA CLÁUSULA *REBUS SIC STANTIBUS* Y OTRAS FIGURAS CONTRACTUALES

Cláusula *rebus sic stantibus* y otras figuras afines

Es preciso diferenciar la cláusula *rebus sic stantibus* de otras figuras contractuales afines como pueden ser la imposibilidad sobrevenida de la prestación y los supuestos de resolución de la relación obligatoria. A esta diferenciación ha hecho referencia la **sentencia del Tribunal Supremo n.º 333/2014, de 30 de junio, ECLI:ES:TS:2014:2823**:

En primer lugar, la diferencia con la imposibilidad sobrevenida es que la cláusula *rebus sic stantibus* no se fundamenta en si el deudor puede o no cumplir, si no que basta que se verifique un cambio en las circunstancias que suponga una alteración de la razón o causa económica que informa el contrato o el equilibrio, bastando que aparezca una mayor onerosidad para una de las partes contratantes:

«Respecto de la primera conviene destacar que la aplicación de la cláusula rebus no se realiza en atención a la perspectiva de la posible liberación del deudor, desde el estricto plano de la posibilidad o no de realización de la prestación tras el acontecimiento sobrevenido, cuestión que por su alcance requiere la naturaleza fortuita del mismo y la rigidez de su imprevisibilidad sino que le basta con que dicho acontecimiento o cambio de las circunstancias, más allá de la posibilidad de realización de la prestación, comporte una alteración de la razón o causa económica que informó el equilibrio prestacional del contrato que determina una injustificada mayor onerosidad para una de las partes. De esta forma, la imprevisibilidad de esta alteración no queda informada por el carácter fortuito de la misma, sino por un juicio de tipicidad contractual derivado de la base del negocio y especialmente del marco establecido respecto a la distribución del riesgo natural del contrato, con lo que la imprevisibilidad, fuera de su tipicidad en el caso fortuito, queda reconducida al contraste o resultado de ese juicio de tipicidad, esto es, que dicho acontecimiento o cambio no resultara 'previsible' en la configuración del aleas pactado o derivado del contrato.

De ahí, que la nota de imprevisibilidad no deba apreciarse respecto de una abstracta posibilidad de la producción de la alteración o circunstancia determinante del cambio, considerada en sí misma, sino en el contexto económico y negocial en el que incide».

En segundo lugar, en relación con la resolución de la obligación, explica el Supremo que la diferencia radica en los distintos fundamentos causales y en las funciones en la dinámica contractual:

«En esta línea puede afirmarse que las referencias citadas en la categoría del incumplimiento esencial operan en el plano de la resolución como el resultado de un juicio de tipicidad o de valoración entre lo que podemos denominar como causa de contrato (causa contractus, causa negotii), esto es, desde la función económica social del contrato el resultado práctico que quieren conseguir o alcanzar las partes (causa concreta del negocio) y la relevancia que para dicho fin presenta la inejecución o el irregular desenvolvimiento del programa de prestación; se valora tanto el plano de ajuste de los deberes prestacionales realizados con los programados, como el plano satisfactivo del acreedor que informó la celebración del contrato (STS 11 de noviembre de 2013, núm. 638/2013).

De esta forma, en el plano de aplicación de la cláusula rebus, las referencias citadas como definición del incumplimiento esencial (frustración del fin del contrato, quiebra de la finalidad económica, o de sus expectativas o aspiraciones, etc.) no operan como el resultado del anterior juicio de tipicidad o de valoración, exactamente. El contraste se realiza, no desde la causa del negocio propiamente dicha, sino desde la base del negocio y del riesgo normal derivado del contrato, como expresión de la conmutatividad o razón económica del equilibrio contractual del mismo, y la relevancia que para el mantenimiento de dicho equilibrio o razón económica presenta la mutación o alteración de las circunstancias inicialmente previstas. De esta forma, no se valora el plano de la satisfacción del acreedor desde el propósito negocial perseguido, conforme al desenvolvimiento de la relación contractual, sino que en un plano diferente al incumplimiento de la obligación y, por tanto, al desenvolvimiento del programa de prestación, se valora la ruptura del equilibrio contractual por la onerosidad sobrevenida de la relación negocial celebrada. Así, mientras que la resolución atiende a la quiebra o frustración de la finalidad práctica o resultado buscado por las partes, sin perjuicio de que dicha frustración comporte, como es lógico, una valoración económica, la prestación en esas condiciones ya no le es útil o idónea al acreedor, incluso económicamente analizada, la aplicación de la rebus atiende a la quiebra o frustración de la conmutatividad y onerosidad contractual sobre la que se diseñó el resultado práctico querido por las partes».

En el ámbito de las deudas pecuniarias la diferenciación entre la imposibilidad sobrevenida y la cláusula *rebus sic stantibus* adquiere, si cabe, mayor relevancia, por cuanto la jurisprudencia ha establecido que no es posible que la imposibilidad de cumplimiento derivada de un caso fortuito no puede tener como efecto la extinción de la obligación. En estas circunstancias el deudor pecuniario viene obligado a cumplir la prestación principal, sin que sus sobrevenidas adversidades económicas le liberen de ello, pues lo obligado no es algo individualizado que ha perecido sino algo genérico como es el dinero. Así lo ha declarado el Tribunal Supremo en la **sentencia n.º 266/2015, de 19 de mayo, ECLI:ES:TS:2015:2344**, en la que establece:

> «Deviene necesario, pues, diferenciar entre la imposibilidad sobrevenida de cumplir la prestación, que sólo afecta a las obligaciones de entregar una cosa determinada o de hacer, pero no a las deudas pecuniarias, de aquellos supuestos en que la prestación resultase exorbitante o excesivamente onerosa, con encaje en la doctrina de la cláusula "rebus sic stantibus", que opera con independencia de cual sea el contenido de la prestación pactada».

7.1. Las cláusulas MAC

La excepcionalidad de la aplicación de la cláusula *rebus sic stantibus* ha llevado a que en determinados ámbitos se hayan desarrollado determinadas cláusulas contractuales destinadas a dar una respuesta a las posibles situaciones imprevisibles que puedan originar un perjuicio en los intereses de las partes.

En este apartado nos centramos en el análisis de las cláusulas MAC (*material adverse change*) originadas en el ámbito de las empresas inversoras en las cuáles es habitual que entre la formalización del contrato y la transmisión de la propiedad transcurra un cierto período de tiempo en el que puedan surgir situaciones imprevistas.

Este tipo de cláusula son atípicas y encuentran su base en la autonomía de voluntad de las partes, lo que supone que las partes pueden darles el contenido que ellas consideren necesario. Esta libertad también supone que sean unas cláusulas complejas por lo que requiere que la redacción sea lo más precisa posible, y es que el hecho de que se establezcan para dar respuestas a circunstancias que por su naturaleza son imprevisibles dificulta la concreción de los supuestos en los que la cláusula resulta aplicable.

> **CUESTIÓN**
>
> **¿Qué efectos pueden tener las cláusulas MAC sobre el contrato en el que se haya establecido?**
>
> Al igual que sucede con la cláusula *rebus sic stantibus*, estas cláusulas permiten que si concurre la circunstancia que se ha previsto el contrato puede ser modificado o, en su caso extinto, siendo facultad de las partes delimitar el alcance de su aplicación.

Debe tenerse presente que en caso de que se disponga una cláusula MAC no resultará de aplicación la cláusula *rebus sic stantibus*, pues en este caso no estaríamos ante una circunstancia imprevista, por lo que no se daría el presupuesto de imprevisibilidad que exige la jurisprudencia para su aplicación. En este sentido se ha manifestado el Tribunal Supremo en la **sentencia n.º 559/2022, de 11 de julio, ECLI:ES:TS:2022:2917:**

> «No concurren los requisitos para aplicar la regla *rebus sic stantibus*, en que se funda dicha petición, puesto que la jurisprudencia de esta sala ha insistido constantemente en que la alteración de las circunstancias que puede provocar la de un contrato, ha de ser de tal magnitud que incremente de modo significativo el riesgo de frustración de la propia finalidad del contrato; y por supuesto, que tales circunstancias sobrevenidas fueran totalmente imprevisibles para los contratantes (por todas, sentencias 567/1997, de 23 de junio, y 5/2019, de 9 de enero, y las que en ellas se citan). Si las partes han asumido expresa o implícitamente el riesgo de que una circunstancia aconteciera o debieron asumirlo porque, en virtud de las circunstancias y/o naturaleza del contrato, tal riesgo era razonablemente previsible, no es posible apreciar la alteración sobrevenida que, por definición, implica lo no asunción del riesgo. Y precisamente la cláusula suelo/techo anticipa el riesgo de una evolución abrupta de los tipos de interés al alza o a la baja y constituye un remedio contractual para tal cambio de circunstancias».

7.2. La cláusula penal

La cláusula penal, según establece el DEJ de la RAE, es una estipulación de tipo contractual por la que se impone al deudor una prestación especial en el caso de incumplimiento de la obligación o de que se cumpla de modo inadecuado. Normalmente consiste en la obligación de pagar una cantidad de dinero y tiene una función coercitiva.

A diferencia de las cláusulas anteriormente desarrolladas, cuya finalidad era la de responder ante una circunstancia imprevista, la cláusula penal tiene como finalidad asegurar el cumplimiento de una obligación mediante una sanción contractual prevista para el caso de incumplimiento del deudor.

El fundamento de la cláusula penal se encuentra en el **art. 1255 del CC** que establece la libertad de pactos siempre que no sean contrarios a las leyes, a la moral ni al orden público. Esta libertad supone además que se prevea para cualquier incumplimiento haya sido por dolo, negligencia o incluso en caso de que no se haya cumplido con la obligación debido a un caso fortuito.

La cláusula penal se encuentra regulada en los arts. 1152 y siguientes del CC, estableciendo el primero de ellos que la pena sustituirá a la indemnización de daños y el abono de intereses en caso de falta de cumplimiento, si otra cosa no se hubiera pactado. La cláusula penal desempeña una función liquidatoria y de garantía del cumplimiento de la obligación principal a la que va ligada, pudiendo pactarse incluso como medio para facilitar el desistimiento, según afirma el Tribunal Supremo en la **sentencia n.º 317/2022, de 20 de abril, ECLI:ES:TS:2022:1552.**

A TENER EN CUENTA. Para que el deudor pueda eximirse de cumplir la obligación pagando la pena, debe haberse establecido esta posibilidad de manera expresa, tal como recoge el **art. 1153 del CC.**

Por otro lado, el **art. 1154 del CC** establece la facultad del juez de moderar la pena cuando la obligación principal hubiera sido en parte o irregularmente cumplida por el deudor. La armonía de este precepto con el principio de libre autonomía de la voluntad de las partes que, como hemos dicho, consagra el art. 1255 del CC, supone que no puede hacerse uso de las facultades de moderación judicial cuando las partes contemplaron expresamente el incumplimiento total o parcial como supuesto concreto de la cláusula penal, así lo ha señalado el Tribunal Supremo en la **sentencia n.º 281/2022, de 4 de abril, ECLI:ES:TS:2022:1380:**

> «Ahora bien, la armoniosa relación entre este último precepto con el principio de la libre autonomía de la voluntad de las partes, consagrado en el art. 1255 del CC, conforme al cual los contratantes pueden establecer los pactos, cláusulas y condiciones que tengan por conveniente, siempre que no sean contrarios a las leyes, a la moral ni al orden público, determina que no quepa hacer uso de las facultades de moderación judicial del art. 1154 del CC, cuando las partes contemplaron expresamente el incumplimiento total o parcial como supuesto concreto del juego convencional de la cláusula penal, determinando las consecuencias jurídicas derivadas de la inobservancia de las estipulaciones contractuales o posibilitando el desistimiento unilateral.
>
> En efecto, es reiterada jurisprudencia, basada en la potencialidad creadora del contenido contractual que a las partes brinda el art. 1255 del CC, así como derivada del efecto vinculante de la *lex privata* del artículo 1091 del referido texto legal, que consagra el principio *pacta sunt servanda*, la que rechaza la moderación cuando la pena hubiera sido prevista, precisamente, para sancionar el incumplimiento total o incluso parcial o deficiente de la prestación que se hubiera producido; casos en los que no puede aplicarse la facultad judicial del artículo 1154 del Código civil, siempre que se produzca la infracción prevista para tales supuestos».

Ahora bien, debe tenerse presente que la posibilidad de estipular cláusulas penales con función punitiva está sujeta a los limites generales de la autonomía privada, es por ello que el Alto Tribunal admite la reducción judicial conservadora de su validez en las cláusulas que establezcan penalidades desproporcionadas en el sentido estricto. Así se ha pronunciado en la **sentencia n.º 530/2016, de 13 de septiembre, ECLI:ES:TS:2016:4044:**

> «No obstante, es claro para esta sala que dicha posibilidad de estipular cláusulas penales con función punitiva está sujeta a los límites generales de la autonomía privada que el artículo 1255 CC establece: pueden considerarse contrarias a la moral o al orden público las penas convencionales cuya cuantía exceda extraordinariamente la de los daños y perjuicios que, al tiempo de la celebración del contrato, pudo razonablemente preverse que se derivarían del incumplimiento contemplado en la cláusula penal correspondiente. No sólo las cláusulas

penales «opresivas», intolerablemente limitadoras de la libertad de actuación del obligado [como en el caso que contempló la STS 26/2013, de 5 de febrero (Rec. 1440/2010)], o las «usurarias», aceptadas por el obligado a causa de su situación angustiosa, de su inexperiencia o de lo limitado de sus facultades mentales; sino también aquéllas en las que el referido exceso de la cuantía pactada de la pena sobre el daño previsible no encuentre justificación aceptable en el objetivo de disuadir de modo proporcionado el incumplimiento que la cláusula contempla; en atención sobre todo a la gravedad del mismo y al beneficio o utilidad que hubiera podido preverse, al tiempo de contratar, que reportaría al deudor incumplidor. Un ordenamiento jurídico que contiene una prohibición como la del artículo 1859 CC no puede no tener límite alguno de proporcionalidad a la libertad de los contratantes de estipular penas privadas».

La carga de la prueba en cuanto al carácter excesivo de la cláusula le corresponde al deudor incumplidor que solicite la reducción conservadora de la pena pactada, tal como ha señalado el Tribunal Supremo en la **sentencia n.º 193/2021, de 12 de abril, ECLI:ES:TS:2021:1282**:

«Esta petición, por lo demás, no fue invocada ni argumentada por la compradora (que basó su demanda en el incumplimiento de la vendedora y en la procedencia de la restitución como efecto propio de la resolución), contra lo que exige la doctrina jurisprudencial en la que dice apoyarse la sentencia recurrida. Esta jurisprudencia insiste en que la carga de alegar y de probar que la cuantía de la pena aplicable según lo pactado ha resultado ser extraordinariamente más elevada que la del daño efectivamente causado al acreedor corresponderá al deudor incumplidor que pretenda la moderación judicial de la pena».

La **STS n.º 126/2017, de 24 de febrero, ECLI:ES:TS:2017:718**, ha establecido que en función de cómo se configure por las partes la cláusula penal puede tener una función resarcitoria o reparadora del daño que ha causado al acreedor el incumplimiento de la obligación por el deudor o el cumplimiento irregular, con lo que la cláusula viene a sustituir a la indemnización de daños y perjuicios, o bien puramente punitiva desligada de todo propósito resarcitorio.

El hecho de que una cláusula penal sea indemnizatoria supone que en caso de producirse el incumplimiento la parte perjudicada no tiene que probar el perjuicio causado, sino que recibirá la cuantía que se hubiese establecido en la cláusula con independencia del daño real. Así lo recoge la **SAP de Barcelona n.º 12/2024, de 16 de enero, ECLI:ES:APB:2024:38**:

«En este caso, los términos de la cláusula trascrita denotan su función reparadora/sustitutiva ya que procede a fijar antes del incumplimiento la indemnización que se deberá hacer efectiva si este se produce. Es la función recogida en el art. 1152.1 CC y exonera al acreedor de la prueba de los daños y perjuicios y de su cuantificación. El deudor ha de pagar la pena, aunque los daños y perjuicios sean menores o no se hayan producido o sean mayores».

Salvo que la propia disposición establezca lo contrario, la cláusula penal será sustitutiva de la indemnización de daños por ser la que se encuentra legalmente prevista en el **art. 1152 del CC** cuando dispone en el primer párrafo: «En las obligaciones con cláusula penal, la pena sustituirá a la indemnización de daños y el abono de intereses en caso de falta de cumplimiento, si otra cosa no se hubiere pactado». De lo anterior, se deduce que para que una cláusula penal sea cumulativa y que por tanto no exima de la indemnización de daños y perjuicios, es necesario que se establezca expresamente, tal como han señalado los tribunales en sentencias como la **SAP de Cantabria n.º 649/2023, de 13 de diciembre, ECLI:ES:APS:2023:1472** la cual prevé «Para que concurra esta modalidad, cláusula penal cumulativa, será preciso, por no presumirse su regulación en el código civil español, que haya sido convenida».

ANEXO I.
CASOS PRÁCTICOS

Caso práctico | ¿Es posible aplicar la cláusula *rebus sic stantibus* a una venta con entrega diferida?

PLANTAMIENTO

Una promotora vende un bajo comercial de un edificio que todavía está en construcción. Las partes firman el contrato de compraventa por un precio de 170.000€, en el que se establecen unas arras de 17.000€ y convienen la elevación a escritura pública una vez se haga entrega del inmueble.

Cuando la obra finaliza el promotor pretende elevar el precio del bajo comercial, fijándolo en 200.000€ basándose en que problemas con la licencia de obras que eran imprevisibles han elevado el coste de la construcción. Las partes se oponen y exigen la elevación a escritura pública del contrato en los términos en que se había firmado inicialmente.

¿Puede el vendedor invocar la cláusula *rebus sic stantibus* alegando que las circunstancias eran imprevisibles?

RESPUESTA

No, son varios los motivos por los que en este caso no es posible la aplicación de la cláusula *rebus sic stantibus*.

En primer lugar, el contrato de compraventa es un **contrato de tracto único**, aun cuando la entrega del inmueble no se podía hacer hasta finalizar las obras. Teniendo esto presente debemos señalar que la jurisprudencia es clara en cuanto a que la aplicación de la cláusula en los contratos de tracto único es de carácter aún más excepcional que en los contratos de tracto sucesivo; por todas podemos referirnos a la **STS n.º 5/2019, de 9 de enero, ECLI:ES:TS:2019:13**, que señala:

> «Aunque esta regla ha sido reconocida por la jurisprudencia, siempre lo ha hecho de manera muy cautelosa, dado el principio general, contenido en el art. 1091 CC, de que los contratos deben ser cumplidos. Y más excepcional aún se ha considerado su posible aplicación a los contratos de tracto único como es la compraventa»

En segundo lugar, **no puede afirmarse** que la elevación del precio de la venta se deba a circunstancias radicalmente imprevisibles ya que los problemas de licencia se deben a que el proyecto no se ajustaba a la normativa urbanística en vigor, lo cual es atribuible al propio vendedor y no a una circunstancia sobrevenida.

En un caso similar al planteado se ha pronunciado el Tribunal Supremo en la **sentencia n.º 65/1997, de 10 de febrero, ECLI:ES:TS:1997:855**, en la cual desestimó la posibilidad de aplicar la cláusula *rebus sic stantibus*.

Caso práctico | ¿Puede el tribunal modificar el contrato aplicando la cláusula *rebus sic stantibus* cuando esta no ha sido alegada por las partes?

PLANTEAMIENTO

Una promotora ha comprado unos terrenos con el fin de edificar en ellos, sin embargo, un cambio en la normativa urbanística no le permite llevar a cabo la construcción por lo que decide interponer una demanda de resolución del contrato por frustración de su causa. La parte demandada se opone a la demanda sin reconvención.

¿Podría el juzgado, en lugar de resolver el contrato, modificarlo en aplicación de la cláusula *rebus sic stantibus*?

RESPUESTA

No, porque en este caso el tribunal estaría apartándose de la causa de pedir —resolución del contrato— y este acto no se encuentra amparado por la facultad que le otorga el art. 218.1 de la LEC para resolver conforme a normas aplicables al caso, aunque no hayan sido alegadas.

En el sentido expuesto se ha pronunciado el Tribunal Supremo en la **sentencia n.º 652/2022, de 11 de octubre, ECLI:ES:TS:2022:3610**, en la que establece:

> «Es cierto, como también ha afirmado esta sala en otras ocasiones (sentencia 327/2022, de 26 de abril), que el tribunal no está vinculado incondicionalmente por la fundamentación jurídica alegada por las partes, puesto que el segundo párrafo del art. 218.1 LEC dispone que:
>
> "El Tribunal, sin apartarse de la causa de pedir acudiendo a fundamentos de hecho o de derecho distintos de los que las partes hayan querido hacer valer, resolverá conforme a las normas aplicables al caso, aunque no hayan sido acertadamente citadas o alegadas por los litigantes".
>
> Ahora bien, esta facultad del tribunal de aplicar las normas jurídicas pertinentes tiene el límite de no alterar de la causa de pedir (STC 9/1998, de 13 de enero, y las que en ellas se citan; y sentencia de esta sala 52/2018, de 1 de febrero). Y esto es lo que sucede en este caso, pues la Audiencia no da respuesta a la petición de resolución del contrato por frustración de su causa, sino que aplica una jurisprudencia sobre una doctrina distinta (*rebus sic stantibus*, destinada al reequilibrio prestacional del contrato por alteración extraordinaria e imprevisible de las circunstancias), no invocada por ninguna de las partes, y sobre la que, por tanto, no había girado la contradicción, y desestima la acción ejercitada por la falta de concurrencia de los requisitos exigidos para la aplicación de dicha doctrina.
>
> (…)
>
> El principio *iura novit curia* no permite al tribunal la aplicación de preceptos o doctrinas no invocados y que se refieren a una causa de pedir no esgrimida. En suma, la fundamentación de la Audiencia está desconectada de la realidad

de lo actuado y debatido en el proceso (sentencias 180/2011, de 17 de marzo, 52/2018, de 1 de febrero, y 706/2021, de 19 de octubre), e incurre en el defecto de incongruencia denunciado en el motivo».

Caso práctico | ¿El arrendatario tiene derecho al pago de la cláusula penal punitiva si no ha sufrido daños por la rescisión del contrato?

PLANTEAMIENTO

Dos empresarios celebran un contrato de arrendamiento para uso distinto del de vivienda fijando una duración de 15 años y una renta mensual de 30.000€. En el contrato establecen una cláusula bajo el título «Resolución anticipada. Cláusula penal» en la que se establecía «Sin perjuicio de la duración establecida, en caso de incumplimiento por alguna de las partes, el contrato podrá ser resuelto por cualquiera de las partes, con indemnización, en su caso, de daños y perjuicios. En particular la Arrendadora está facultad para resolver el contrato en caso de que la Arrendataria incumpla con las obligaciones de pago, en este caso, la Arrendataria estará obligada a satisfacer, en concepto de cláusula penal, el 25 % de las rentas pendientes».

El arrendador interpone demanda para resolver el contrato por impago de las rentas que es estimada y declara haber lugar al desahucio y condena al abono de las rentas hasta el desalojo de la finca.

Días después del desalojo el arrendador interpone demanda reclamando el pago de la cláusula penal del contrato. Teniendo en cuenta que el arrendador no ha sufrido daños, ¿tiene derecho al cobro de la cláusula penal?

RESPUESTA

En estos supuestos se debe estar al tenor literal de la cláusula que se recoja en el contrato. En el caso planteado debe entenderse que la cláusula penal no excluye la indemnización de daños y perjuicios. En un caso semejante, lo estableció de esta forma la **STS n.º 74/2018, de 14 de febrero, ECLI:ES:TS:2018:511**:

> «La cuantía de la pena fijada no equivalía a la indemnización por el posible lucro cesante como consecuencia de la resolución. La cláusula penal pactada por las partes, tal y como con claridad resulta de su tenor literal, era una pena que no excluía que se reclamaran los daños que se produjeran por el incumplimiento. La pena, en definitiva, no se dirigía a liquidar de manera anticipada los daños que pudieran causar los incumplimientos a que se refería y era exigible una vez que se produjera el incumplimiento para el que se pactó, con independencia de la acreditación de esos daños. Era improcedente, por tanto, su moderación, que la sentencia recurrida aplica hasta el punto de eliminar su aplicación por entender que no ha habido daños indemnizables, reforzando así su argumento de la nulidad».

Estamos, por tanto, ante una cláusula punitiva por lo que, se debe pagar, aunque la otra parte no hubiese sufrido daño alguno. Debiendo concluir que en el caso planteado el arrendatario tiene derecho a que se le abone la cláusula penal en los términos fijados en el contrato no siendo posible su moderación judicial en los términos del art. 1154 del CC, ya que se ha cumplido el supuesto de hecho al que se anudaba la cláusula penal, y ello conforme a lo dispuesto por el Tribunal Supremo en la **sentencia n.º 44/2017, de 25 de enero, ECLI:ES:TS:2017:175**:

> «La sentencia 585/2006, de 14 de junio, recordó que es doctrina constante de esta Sala que cuando la cláusula penal está establecida para un determinado incumplimiento, aunque fuera parcial o irregular, no puede aplicarse la facultad moderadora del artículo 1154 del Código Civil si se produce exactamente la infracción prevista; o por decirlo con otras palabras, que la moderación procede cuando se hubiera cumplido en parte o irregularmente la obligación para cuyo incumplimiento total la pena se estableció, de modo que, como afirma la doctrina, la finalidad del repetido artículo no reside en resolver la cuestión de si se debe rebajar equitativamente la pena por resultar excesivamente elevada, sino en interpretar que las partes, al pactar la pena, pensaron en un incumplimiento distinto del producido -sobre ello, las sentencias 962/2008, de 15 de octubre, 211/2009, de 26 de marzo 384/2009 de 1 de junio y 170/2010, de 31 de marzo, entre otras-».

Caso práctico | ¿Puede aplicarse la cláusula *rebus sic stantibus* si ha habido una novación del contrato frente a la situación sobrevenida?

PLANTEAMIENTO

Una empresa tiene un contrato de arrendamiento de un local comercial destinado a servicios de hostelería. En el contrato se señala que se arrienda el local de 100 metros cuadrados, el cual, además, dispone de terraza de 25 metros cuadrados por lo que se acuerda una renta de 4.000€.

Sin embargo, mediante una ordenanza municipal se ha perdido el uso de la terraza por los que las partes deciden hacer un contrato de novación en el cual se establece como nuevo precio 3.000€.

Transcurridos unos meses y ante la bajada de los beneficios del negocio, el arrendatario presenta demanda en la que solicita que, debida a la circunstancia imprevisible de no poder hacer uso de la terraza, se aplique la cláusula *rebus sic stantibus* y se acuerde una reducción del 10 % de la renta.

En este caso, ¿resulta aplicable la cláusula *rebus sic stantibus*?

RESPUESTA

No, la cláusula *rebus sic stantibus* está prevista para casos en los que una alteración extraordinaria, imprevisible y sobrevenida de las circunstancias produzca una desproporción entre las prestaciones de las partes.

Por tanto, en el caso expuesto no es posible su aplicación porque el no uso de la terraza no es una circunstancia imprevisible y sobrevenida por cuanto las partes ya han adoptado un acuerdo —contrato de novación— en el que adaptan las condiciones del contrato a la nueva situación.

En este sentido se han pronunciado los tribunales, pudiendo traer a colación, como ejemplo, las siguientes sentencias:

SAP de Las Palmas de Gran Canaria n.º 786/2023, de 11 de diciembre, ECLI:ES:APGC:2023:2463

> «Esta Sala no comparte la decisión de la juzgadora de instancia de estimar parcialmente la demanda, ya que las partes de una forma voluntaria ya variaron las condiciones del contrato teniendo en cuenta el Estado de Alarma, y por lo tanto en ese momento, fue cuando dicha circunstancia era imprevisible. Después de dicho pacto, no es de aplicación la cláusula *rebus sic stantibus* debido a que ya no existe esa circunstancia sobrevenida e imprevisible que justificaría, en su caso, la aplicación de la misma (…)».

SAP de Sevilla n.º 474/2023, de 21 de diciembre, ECLI:ES:APSE:2023:2818

> «(…) no procede la aplicación judicial de la cláusula *rebus sic stantibus* por existir un acuerdo entre las partes que lo impide, ya que las perniciosas con-

secuencias del Covid 19 ya no tenían el carácter de imprevisibilidad que es preciso en el momento de llegar a esos acuerdos que como se dice excluyen la posibilidad de aplicarla toda vez que entre sus requisitos, como se ha expuesto, se encuentra la inexistencia de pacto expreso de las partes, que ha de referirse no al previo a las circunstancias sobrevenidas puesto que entonces no serían imprevisibles si no también al llevado a cabo al suceder las mismas, tal y como se infiere de las exigencias jurisprudenciales y como puede deducirse del artículo 6:1.1.1. ("Cambio de circunstancias") de los Principios de Derecho Europeo de los Contratos (PDEC) y del artículo III.-1:110 del Borrador del Marco Común de Referencia para un Derecho Privado Europeo (DCFR), " Modificación o extinción por el juez a causa de un cambio en las circunstancias", que evidentemente no tienen carácter vinculante pero que fundamentan la intervención judicial por cambio esencial en las circunstancias solo para el supuesto de que las partes no hubieren llegado a un acuerdo, cuyo intento es obligatorio, de tal modo que -como se ha dicho la aplicación de la cláusula " rebus" no supone un ruptura respecto de la regla de lealtad a la palabra dada ("*pacta sunt servanda*") ni una amenaza a la estabilidad y mantenimiento de los contratos, sino precisamente el cumplimiento de ese principio de autonomía de la voluntad».

Caso práctico | ¿La inclusión de una cláusula resolutoria en un contrato a favor de una parte es contraria a la buena fe?

PLANTEAMIENTO

Una cláusula que establece la facultad resolutoria del comprador de forma inmediata fijando únicamente como indemnización económica a favor del vendedor el pago de los bienes finalizados y de los trabajos en curso, ¿es contraria a la buena fe? ¿Debe admitirse la misma en virtud del principio de autonomía de la voluntad? ¿Puede alegar el vendedor la *rebus sic stantibus*?

RESPUESTA

La cláusula resolutoria puede establecerse en virtud del principio de autonomía de la voluntad regulado en el art. 1255 del Código Civil, y no siendo necesariamente contraria a la buena fe.

En este sentido cabe citar la **sentencia de la Audiencia Provincial de Zamora n.º 822/2021, de 7 de julio, ECLI:ES:APZ:2021:1775**, en la que se afirma que, si bien, en un principio, los arts. 1255 y 1256 del CC conllevan que la declaración unilateral de una sola de las partes contratantes poniendo en conocimiento de la otra que desiste del contrato no puede producir el efecto pretendido, a no ser que dicha declaración se ampare en el artículo 1124 del Código Civil, en virtud de la autonomía de la voluntad las partes podrían acordar una cláusula resolutoria.

> «En efecto, no hay obstáculo para que la voluntad de las partes contratantes dé por terminada una relación contractual. La sent. TS de 1 de junio de 2012 (ROJ: STS 3957/2012), señaló: 'En supuestos similares, (…), la jurisprudencia ha venido declarando 'la validez del pacto por el que se atribuye a cualquiera de los contratantes la facultad de extinguir unilateralmente una relación contractual del tipo y con la indeterminada duración de la que vinculaba a las sociedades litigantes, sin necesidad de un incumplimiento previo de las obligaciones convenidas y siempre que su ejercicio no resulte extralimitado a la luz del estándar de comportamiento que sanciona el artículo 7 del Código Civil' (Sentencia 275/2011, de 25 de abril, con cita de las anteriores Sentencias 215/2010, de 13 de abril, y 1208/2008, de 23 de diciembre). Por ello, como recuerda la Sentencia 862/2010, de 30 de diciembre, con cita de otra anterior 305/2007, de 22 de marzo, 'el ejercicio de esta facultad de provocar la extinción, que asiste a ambas partes, no requiere la invocación ni menos la prueba de una justa causa', por más que haya de 'ajustarse, por imperativo de lo dispuesto en preceptos como los artículos 7, apartado 1, y 1.258 del Código Civil, a la buena fe en sentido objetivo, que, consistente en el deber de observar un comportamiento honesto y leal, ajustado a los cánones éticos imperantes, integra las relaciones contractuales y se requiere en el ejercicio de los derechos' y que 'sólo una resolución o un desistimiento que implique un ejercicio abusivo o constituya una conducta desleal puede ser tenido en cuenta para, en tales casos, fundar una indemnización por los daños que este comportamiento pueda haber generado''.

Como se recoge en la SAP Madrid Sección 21ª 30 de enero de 2015 recurso 578/2013, 'En este caso el ejercicio de la facultad de desistimiento unilateral por la parte contratante que la tenga reconocida produce la automática extinción (con efectos 'ex nunc' sin determinar una eficacia retroactiva) de la relación jurídica nacida del contrato, debiendo estarse en cuanto a las consecuencias jurídicas derivadas de este desistimiento unilateral (así una posible indemnización) a lo pactado por las partes contratantes.'»

En cuanto a la posible aplicación de la cláusula *rebus sic stantibus* la mentada sentencia señala que no resulta aplicable puesto que no se da una circunstancia extraordinaria sobrevenida ni un desequilibrio entre las partes:

«Algo parecido debe decirse de la cláusula *"rebus sic stantibus"*, pues la sola existencia de la cláusula de desistimiento unilateral excluye por sí misma la aplicación de aquella.

Por otro lado, si la cláusula *"rebus sic stantibus"* persigue restablecer equitativamente el equilibrio de las prestaciones ante una dificultad extraordinaria sobrevenida en el cumplimiento de la obligación, ocurre que en el caso que nos ocupa el problema de la actora recurrida no era el cumplimiento del contrato. Además, no alcanzamos a comprender cuál hubiera sido esa dificultad sobrevenida que hubiera hecho operativa la regla, ni cual el desequilibrio desproporcionado que se ha producido, dado que lo que la demandada recurrente ha hecho no es más que aplicar la cláusula resolutoria previamente pactada y conocida por la contraria».

ANEXO II.
FORMULARIOS

Escrito de requerimiento extrajudicial para la aplicación de la cláusula *rebus sic stantibus*

Don/Doña. [NOMBRE ARRENDATARIO]

[DOMICILIO]

[LOCALIDAD]

TLF: [NÚMERO]

Correo electrónico: [EMAIL]

Estimado/a Sr./Sra. [ARRENDADOR]:

Me dirijo a usted por medio de la presente comunicación para iniciar de buena fe negociaciones conducentes a la modificación temporal de la cláusula [NÚMERO] del contrato de arrendamiento que nos une de fecha [FECHA] en aplicación de la cláusula *rebus sic stantibus*.

Como ya le informé, [ESPECIFICAR LAS CIRCUNSTANCIAS QUE MOTIVAN LA APLICACIÓN DE LA CLÁUSULA]. (1)

Estas nuevas circunstancias sobrevenidas hacen inviable que afronte el pago de la renta como lo venía haciendo hasta este momento por lo que le solicito una [SUSPENSIÓN/REBAJA] de la renta en los siguientes términos [ESPECIFICAR]:

- Reducción de [IMPORTE].
- Durante [PERIODO DE TIEMPO].

Dicha modificación contractual está amparada en la cláusula *rebus sic stantibus*, cuya aplicación resulta procedente por tratarse de unas circunstancias absolutamente imprevisibles, que han sobrevenido durante la vida del contrato que nos une y que altera gravemente las posibilidades de que pueda hacer frente a mi obligación contractual de pago de la renta en la forma pactada.

Por todo lo anterior, le ruego tenga en cuenta mi solicitud y le emplazo a iniciar negociaciones, en virtud de la buena fe contractual que debe regir en las relaciones entre las partes, para alcanzar una solución amistosa.

En caso contrario, me reservo el derecho a ejercitar cuantas acciones judiciales sean pertinentes para proteger el derecho que me asiste.

Sin otro particular, aprovecha la ocasión para saludarle atentamente.

En [LOCALIDAD], a [DÍA] de [MES] de [AÑO].

Fdo. [ARRENDATARIO]

---

(1) Deben especificarse por los que entendemos aplicable la cláusula como, por ejemplo: el negocio que vengo desarrollando en los últimos años, ha sufrido un importante perjuicio económico a causa del cierre impuesto en la normativa estatal y autonómica motivadas por la necesidad de control de la pandemia causada por el COVID-19.

Formulario solicitando medida cautelar para la aplicación de la cláusula *rebus sic stantibus*

AL JUZGADO DE PRIMERA INSTANCIA DE [LUGAR] QUE POR TURNO DE REPARTO CORRESPONDA

Don/Doña [NOMBRE Y APELLIDOS], procurador/a de los tribunales y de **don/doña** [NOMBRE_DEMANDANTE], con [CIF/DNI] y domicilio en [LUGAR], como consta acreditado mediante certificado de apoderamiento *apud acta* que adjuntamos como documento n.º [NÚMERO], bajo la dirección letrada de don/doña [NOMBRE_ABOGADO], ante el juzgado comparezco y, como mejor proceda en derecho,

DIGO

Mediante el presente escrito y en la representación que ostento vengo a solicitar **MEDIDAS CAUTELARES** frente a [DEMANDADA] con [CIF/DNI] y domicilio en [LUGAR] de conformidad con los siguientes,

HECHOS

PRIMERO.- Contrato de arrendamiento

Las partes suscribieron un contrato de arrendamiento de [LOCAL DE NEGOCIO/INDUSTRIA] en fecha [FECHA].

Mediante ese contrato se acordaba una renta con carácter [MENSUAL/ANUAL] de importe [IMPORTE] a pagar dentro de los [NÚMERO] primeros días de cada mes de la siguiente forma [FORMA DE PAGO].

El contrato no establecía ninguna cláusula de fuerza mayor o de modulación de renta.

Se trata de un contrato que establece obligaciones de cumplimiento periódico durante su vigencia por lo que es de tracto sucesivo.

La cláusula [NÚMERO] establece una duración del contrato de [NÚMERO] años por lo que el contrato es de larga duración.

Se adjunta el contrato como documento n.º [NÚMERO].

SEGUNDO.- Alteración extraordinaria, imprevisible y sobrevenida de las circunstancias (1)

a. Situación sobrevenida e imprevisible

El 14 de marzo de 2020 el Gobierno de España declaró el estado de alarma mediante Real Decreto 463/2020, de 14 de marzo, y el cierre de toda actividad no esencial.

Esta situación era absolutamente impensable a la fecha de contratación entre las partes pues se trata de una pandemia que no tiene precedentes en nuestra historia reciente.

b. Alteración extraordinaria de las circunstancias

Las medidas del Gobierno alteraron extraordinariamente las circunstancias de normalidad existentes previamente. El negocio de mi mandante registraba beneficios durante los tres años inmediatamente previos al 2020, según se acredita con las cuentas anuales que se aportan como documento n.º [NÚMERO].

Sin embargo, el cierre del negocio y las posteriores restricciones de movilidad en España han supuesto cuantiosas pérdidas que hacen inasumible la renta como se expondrá en el informe pericial que se ha encargado por esta parte y que se aportará junto con la demanda.

c. Desaparición de la base del negocio. Desequilibrio entre las partes

El cierre del negocio durante [PERIODO] ha supuesto una desaparición de la base negocial del contrato.

Así mismo las restricciones posteriores de aforo y movilidad en todo el territorio nacional suponen un descenso cuantioso de ventas que impiden a mi mandante obtener un nivel mínimo de ingresos para afrontar los gastos de la actividad.

TERCERO.- Afectación en el negocio del arrendatario

Estas circunstancias imprevistas han causado importantes perjuicios económicos a la parte demandante, que no puede asumir la renta pactada inicialmente en el contrato.

En concreto, la demandante cerró el ejercicio económico 2020 con unas pérdidas de [IMPORTE] que hacen inasumible la obligación económica principal del contrato.

CUARTO.- Medida cautelar necesaria

Se solicita la siguiente medida cautelar: [ESPECIFICAR].

FUNDAMENTOS JURÍDICOS

I. JURISDICCIÓN Y COMPETENCIA

Según establece el **artículo 723.1 de la Ley de Enjuiciamiento Civil**, será competente para conocer la solicitud de medidas cautelares el órgano judicial que lo sea para resolver la demanda principal.

Es competente objetiva y territorialmente el Juzgado de Primera Instancia de [LUGAR] de conformidad con el artículo 52.1.7 de la LEC [ARRENDAMIENTO DE LOCAL DE NEGOCIO] o de conformidad con el **artículo 50 de la LEC** [ARRENDAMIENTO DE INDUSTRIA].

II. LEGITIMACIÓN

La demandante y demandada ostentan legitimación activa y pasiva respectivamente como titulares de la relación jurídica contractual de arrendamiento objeto de esta litis.

III. POSTULACIÓN

La solicitante actúa representada por procurador/a y defendida por letrado/a tal y como disponen los **arts. 23 y 31 de la LEC** al superar la cuantía los 2.000 euros.

IV. PROCEDIMIENTO

Deben seguirse los cauces establecidos en los **artículos 721** y siguientes de la LEC.

La presentación antes de la demanda de esta solicitud de medidas cautelares obedece a razones de urgencia, de conformidad con el **artículo 730.2 de la LEC** debido a que esta parte no puede hacer frente al pago de renta y al riesgo económico que supone para la arrendataria seguir abonando la cuantía pactada en contrato.

V. FUNDAMENTOS MATERIALES

1. *FUMUS BONI IURIS* O APARIENCIA DE BUEN DERECHO

El art. **728.2 de la LEC** dispone:

> «El solicitante de medidas cautelares también habrá de presentar con su solicitud los datos, argumentos y justificaciones documentales que conduzcan a fundar, por parte del Tribunal, sin prejuzgar el fondo del asunto, un juicio provisional e indiciario favorable al fundamento de su pretensión. En defecto de justificación documental, el solicitante podrá ofrecerla por otros medios de prueba, que deberá proponer en forma en el mismo escrito».

Los hechos expuestos en esta demanda hacen manifiestamente necesaria la aplicación de la cláusula *rebus sic stantibus* como se solicitará en la demanda. Esta cláusula requiere como premisas fundamentales: «a) una alteración extraordinaria de las circunstancias en el momento de cumplir el contrato en relación con las concurrentes al tiempo de su celebración; b) una desproporción exorbitante, fuera de toda cálculo, entre las prestaciones de las partes contratantes que verdaderamente derrumben el contrato por aniquilación del equilibrio de las prestaciones, y c) que todo ello acontezca por la sobreveniencia de circunstancias radicalmente imprevisibles» (**STS n.° 65/1997, de 10 de febrero, ECLI:ES:TS:1997:855**).

Se pronuncia en el mismo sentido la **sentencia del Tribunal Supremo n.° 591/2014, de 15 de octubre, ECLI:ES:TS:2014:5090**.

Confirma estos requisitos la **sentencia del Tribunal Supremo n.° 156/2020, de 6 de marzo, ECLI:ES:TS:2020:791**, al declarar:

> «Y por supuesto, es preciso que tales circunstancias sobrevenidas fueran totalmente imprevisibles para los contratantes [sentencia del pleno 820/2012, de 17 de enero de 2013]. Es condición necesaria para la aplicación de la regla "*rebus*" la imprevisibilidad del cambio de circunstancias. Si las partes han asumido expresa o implícitamente el riesgo de que una circunstancia aconteciera o debieron asumirlo porque, en virtud de las circunstancias y/o naturaleza del contrato, tal riesgo era razonablemente previsible, no es posible apreciar la alteración sobrevenida que, por definición, implica lo no asunción del riesgo (recientemente sentencia 5/2019, de 9 de enero). No puede hablarse de alteración imprevisible cuando la misma se encuentra dentro de los riesgos normales del contrato (sentencias 333/2014, de 30 de junio, 64/2015, de 24 de febrero, y 477/2017, de 20 de julio, entre otras)».

2. *PERICULUM IN MORA*

El art. **728.1 de la LEC** dispone:

> «Sólo podrán acordarse medidas cautelares si quien las solicita justifica, que, en el caso de que se trate, podrían producirse durante la pendencia del proceso, de no adoptarse las medidas solicitadas, situaciones que impidieren o dificultaren la efectividad de la tutela que pudiere otorgarse en una eventual sentencia estimatoria.
>
> No se acordarán medidas cautelares cuando con ellas se pretenda alterar situaciones de hecho consentidas por el solicitante durante largo tiempo, salvo que éste justifique cumplidamente las razones por las cuales dichas medidas no se han solicitado hasta entonces».

El peligro por la mora procesal se da en este caso por el riesgo de que la demandante no pueda resistir económicamente si sigue abonado las rentas.

El auto del **Juzgado de Primera Instancia n.º 81 de Madrid, n.º 477/2020, de 25 de septiembre, ECLI:ES:JPI:2020:74A,** justifica el peligro por la mora procesal ya que existe el riesgo de que el *«el negocio no pueda resistir»* pues existen «una serie de gastos fijos que han de seguir sufragándose, como es el caso de la renta arrendaticia una vez finalice el plazo del Real Decreto Ley 15/2020, en cuanto a lo que aquí nos atañe. La satisfacción puntual de la totalidad de la renta pactada inicialmente, sin obtener ingresos que puedan soportar los egresos, incrementa el peligro de que el negocio termine clausurando como consecuencia de esa asfixia financiera. Cuánto tiempo podría aguantar la empresa en esas condiciones no se puede saber ex ante, máxime cuando la crisis sanitaria no ha llegado a su fin, pues no hay cura ni vacuna, y no se ha logrado un control o estabilización de la enfermedad».

3. PROPORCIONALIDAD

El **art. 721.1 de la LEC** dispone:

> «Bajo su responsabilidad, todo actor, principal o reconvencional, podrá solicitar del tribunal, conforme a lo dispuesto en este Título, la adopción de las medidas cautelares que considere necesarias para asegurar la efectividad de la tutela judicial que pudiera otorgarse en la sentencia estimatoria que se dictare».

Y el **art. 726.1 de la LEC** declara que:

> «1. El tribunal podrá acordar como medida cautelar, respecto de los bienes y derechos del demandado, cualquier actuación, directa o indirecta, que reúna las siguientes características:
> 1ª. Ser exclusivamente conducente a hacer posible la efectividad de la tutela judicial que pudiere otorgarse en una eventual sentencia estimatoria, de modo que no pueda verse impedida o dificultada por situaciones producidas durante la pendencia del proceso correspondiente.
> 2ª. No ser susceptible de sustitución por otra medida igualmente eficaz, a los efectos del apartado precedente, pero menos gravosa o perjudicial para el demandado».

La medida solicitada es proporcionada. Es menor el perjuicio que se causará al arrendador con la medida solicitada que el daño que se causaría a la arrendataria si no se acordase.

El negocio de la arrendataria está en riesgo de desaparición como se acreditó con la documental aportada. Sin embargo, el arrendador es titular de más negocios, como consta en las empresas que constan a su nombre en el Registro Mercantil, cuyo certificado aportamos con esta demanda como **documento n.º** [NÚMERO].

VI. CAUCIÓN

De conformidad con el **artículo 732.3 de la LEC** se ofrece una caución de [ESPECIFICAR] de conformidad con el **artículo 529.3 de la LEC.**

Por lo expuesto,

AL JUZGADO SUPLICO:

Que tenga por presentado este escrito, se sirva a admitirlo y, en su virtud, tenga por formulada petición de medidas cautelares para que, previos los trámites legales oportunos, dicte en su día auto estimando la adopción de las medidas cautelares solicitadas, previa constitución de la caución ofrecida.

Es justicia que pido en [LUGAR], a [FECHA].

Letrado D./D.ª   Procurador D./D.ª

[NOMBRE]   [NOMBRE]

OTROSÍ DIGO: Que solicitamos la admisión de la caución ofrecida por mi mandate, salvo que el juzgado la considere innecesaria o acuerde otra superior.

Por lo expuesto,

AL JUZGADO SUPLICO:

Que tenga por hecha la anterior manifestación y acuerde de conformidad a la misma.

Es justicia que pido en lugar y fecha indicados.

Letrado D./D.ª   Procurador D./D.ª

[NOMBRE]   [NOMBRE]

---

(1) En este punto deben especificarse todas aquellas circunstancias que implican el cambio extraordinario, imprevisible y sobrevenido de las mismas. En este formulario hemos expuesto, como ejemplo, la situación de pandemia sufrida.

Recurso de apelación contra auto que estima la adopción de medidas cautelares

Procedimiento: [ESPECIFICAR]

Pieza separada de medidas cautelares n.º [NÚMERO]

A LA AUDIENCIA PROVINCIAL DE [PROVINCIA] (1)

Don/Doña [NOMBRE_PROCURADOR_CLIENTE], procurador/a de **don/doña** [NOMBRE_CLIENTE], según tengo acreditado en los autos de juicio ordinario señalados con el número [NÚMERO] bajo la dirección letrada de **don/doña** [NOMBRE_ABOGADO_CLIENTE], ante la Audiencia comparezco y como mejor proceda en derecho,

DIGO

En la representación que ostento, conforme a lo dispuesto in fine en el **art. 735 de la LEC,** por medio del presente escrito, dentro del plazo que me ha sido conferido, interpongo, en tiempo y forma **RECURSO DE APELACIÓN** contra el auto de fecha [FECHA], de conformidad con las siguientes,

ALEGACIONES

PREVIO.- Se presenta el recurso de apelación, con base al **artículo 458** y siguientes de la Ley de Enjuiciamiento Civil.

El recurso se presenta en el plazo y en la forma prevista en la ley.

La resolución que se recurre n.º [NÚMERO] de fecha [FECHA], se trata de un auto recurrible, por ser un auto definitivo que acuerda estimar la adopción de medidas cautelares.

PRIMERO.- FALTA DE APARIENCIA DE BUEN DERECHO

El **art. 728.2 de la LEC** dispone:

> «El solicitante de medidas cautelares también habrá de presentar con su solicitud los datos, argumentos y justificaciones documentales que conduzcan a fundar, por parte del Tribunal, sin prejuzgar el fondo del asunto, un juicio provisional e indiciario favorable al fundamento de su pretensión. En defecto de justificación documental, el solicitante podrá ofrecerla por otros medios de prueba, que deberá proponer en forma en el mismo escrito».

El auto recurrido adolece de falta de motivación en cuanto a la estimación de la apariencia de buen derecho o *fumus boni iuris* para la aplicación de la cláusula *rebus sic stantibus.*

Debiendo ser la parte contraria quien debió probar la apariencia de buen derecho conforme a recogido el **AAP de Madrid n.º 255/2023, de 14 de septiembre, ECLI:ES:APM:2023:2437**, «La apariencia de buen derecho debe alegarse y probarse por quien solicita la medida, y la forma de acreditarla es aportar elementos bastantes que permitan de entrada comprobar la existencia verosímil de ese derecho, sin perjuicio de que sea en el proceso principal donde habrá que acreditar de forma cumplida su realidad; no basta con alegar la apariencia de ese buen derecho sino que es preciso algo más porque se necesita por un lado dar la tutela pedida pero también evitar abusos, y utilizaciones espurias de este mecanismo legal que es expresión del derecho a la tutela judicial efectiva contemplada en el artículo 24 de la Constitución».

Sin embargo, la parte contraria no ha podido probar la existencia de una circunstancia imprevisible que pueda dar lugar a la aplicación de la cláusula *rebus sic stantibus*, por cuanto el Real Decreto-ley 35/2020, de 22 de diciembre, determina la solución para la situación derivada de la pandemia por lo que no resultaría posible que en el proceso principal de declare la aplicabilidad de la cláusula alegada (2).

SEGUNDO.- FALTA DE PROPORCIONALIDAD

Y el **art. 726.1 de la LEC** establece que:

> «1. El tribunal podrá acordar como medida cautelar, respecto de los bienes y derechos del demandado, cualquier actuación, directa o indirecta, que reúna las siguientes características:
> 1ª. Ser exclusivamente conducente a hacer posible la efectividad de la tutela judicial que pudiere otorgarse en una eventual sentencia estimatoria, de modo que no pueda verse impedida o dificultada por situaciones producidas durante la pendencia del proceso correspondiente.
> 2ª. No ser susceptible de sustitución por otra medida igualmente eficaz, a los efectos del apartado precedente, pero menos gravosa o perjudicial para el demandado».

La medida acordada no es proporcional por cuanto [ESPECIFICAR], por lo que una suspensión/rebaja de la renta durante un periodo de tiempo mayor a aquella fecha es desproporcionado, vulnerando la normativa que se acaba de exponer.

Por lo expuesto,

SUPLICO A LA AUDIENCIA:

Que tenga por presentado este escrito, lo admita junto con sus documentos y copias, y tenga por interpuesto **RECURSO DE APELACIÓN**, contra el auto n.º [NÚMERO], tras los trámites legalmente previstos, se proceda por el/la letrado/a de la Administración de Justicia a dar traslado a las demás partes para que presenten escrito de oposición/impugnación y finalmente dicte resolución por la que estimando este recurso de apelación, revoque íntegramente la medida cautelar de [FECHA], recaída en los autos [DESCRIPCIÓN] seguidos ante el Juzgado de Primera Instancia número [NÚMERO] de [LOCALIDAD], declarando ajustadas a derecho las pretensiones de este recurso, con condena en costas a la parte contraria (398.1 de la LEC).

Por ser justicia que pido en [LOCALIDAD] a [DÍA] de [MES] de [AÑO].

Letrado D./D.ª   Procurador D./D.ª

[NOMBRE]   [NOMBRE]

PRIMER OTROSÍ DIGO: de conformidad con el apartado tercero de la **disposición adicional 15.ª de la LOPJ** esta parte ha consignado la cantidad de 50 euros en la cuenta de depósitos del Juzgado, como se acredita mediante la copia del justificante de ingreso que aportamos como documento n.º [NÚMERO].

En su virtud,

SUPLICO A LA AUDIENCIA:

Tenga por efectuada la anterior manifestación a los efectos oportunos.

SEGUNDO OTROSÍ DIGO: siendo intención de esta parte cumplir con todos los requisitos legales, a tenor de lo previsto en el **artículo 231 de la Ley de Enjuiciamiento Civil**, se solicita se le diere traslado de cualquier defecto que adoleciere la presente demanda, para la inmediata subsanación de la misma.

SUPLICO A LA AUDIENCIA:

Que tenga por efectuada la anterior manifestación a los efectos oportunos.

Es justicia que pido en el lugar y fecha *ut supra*.

Letrado D./D.ª   Procurador D./D.ª

[NOMBRE]   [NOMBRE]

---

(1) El artículo 458 de la LEC se ve reformado por el RD-ley 6/2023, de 19 de diciembre, con entrada en vigor el 20/03/2024. Desde esa fecha el recurso de apelación se interpondrá ante el tribunal competente para conocerlo.

(2) En este punto deben especificarse todas aquellas circunstancias que impidan apreciar apariencia de buen derecho. En este formulario hemos expuesto, como ejemplo, la situación de pandemia sufrida.

Demanda solicitando modificación contractual para la reducción/suspensión de la renta (cláusula *rebus sic stantibus*)

AL JUZGADO DE PRIMERA INSTANCIA DE [LOCALIDAD] QUE POR TURNO DE REPARTO CORRESPONDA

Don/Doña [NOMBRE_PROCURADOR], procurador/a de los tribunales, en nombre y representación de **don/doña** [NOMBRE/RAZÓN SOCIAL] con DNI/CIF [NÚMERO] con domicilio en [LOCALIDAD] según poder notarial/poder apud acta que adjunto como documento n.º [NÚMERO], bajo la dirección del/de la letrado/a **don/doña** [NOMBRE Y APELLIDOS] n.º de colegiado [NÚMERO] del ICA de [LOCALIDAD], ante el Juzgado comparezco y como mejor proceda en derecho,

DIGO

Mediante el presente escrito y en la representación que ostento vengo a interponer **DEMANDA DE JUICIO** [VERBAL/ORDINARIO] frente a don/doña [DEMANDADO] con DNI/CIF [NÚMERO] y domicilio en [DIRECCIÓN] en ejercicio de la acción de modificación contractual para la reducción/suspensión de la renta de conformidad con los siguientes,

HECHOS

PRIMERO.- Contrato de arrendamiento

Las partes suscribieron un contrato de arrendamiento de [LOCAL DE NEGOCIO/ INDUSTRIA] en fecha [FECHA].

Mediante ese contrato se acordaba una renta con carácter [MENSUAL/ANUAL] de importe [IMPORTE] a pagar dentro de los [NÚMERO] primeros días de cada mes de la siguiente forma [FORMA DE PAGO].

El contrato no establecía ninguna cláusula de fuerza mayor o de modulación de renta.

Se trata de un contrato que establece obligaciones de cumplimiento periódico durante su vigencia por lo que es de tracto sucesivo.

La cláusula [NÚMERO] establece una duración del contrato de [NÚMERO] años por lo que el contrato es de larga duración.

Se adjunta el contrato como documento n.º [NÚMERO]

SEGUNDO.- Alteración extraordinaria, imprevisible y sobrevenida de las circunstancias

a. Situación sobrevenida e imprevisible

[DESCRIPCIÓN]

Esta situación era absolutamente impensable a la fecha de contratación entre las partes pues se trata de hechos sin precedentes en nuestra historia reciente.

b. Alteración extraordinaria de las circunstancias

El negocio de mi mandante registraba beneficios durante los tres años inmediatamente previos a [AÑO], según se acredita con las cuentas anuales que se aportan como documento n.º [NÚMERO].

Sin embargo, el cierre del negocio y [ESPECIFICAR] han supuesto cuantiosas pérdidas que hacen inasumibles la renta como se expondrá en el informe pericial.

c. Desaparición de la base del negocio. Desequilibrio entre las partes

El cierre del negocio durante [PERIODO] ha supuesto una desaparición de la base negocial del contrato.

Asimismo, [ESPECIFICAR] supone un descenso cuantioso de ventas que impiden a mi mandante obtener un nivel mínimo de ingresos para afrontar los gastos de la actividad.

TERCERO.- Afectación en el negocio del arrendatario

La anterior situación motivada [ESPECIFICAR] ha causado importantes perjuicios económicos a la demandante, que no puede asumir la renta pactada inicialmente en el contrato.

En concreto, la demandante cerró el ejercicio económico [AÑO] con unas pérdidas de [IMPORTE] que hacen inasumible la obligación económica principal del contrato.

Así lo justifica el informe pericial que se adjunta a esta demanda como documento n.º [NÚMERO].

CUARTO.- Medidas que se solicitan

En aplicación de la cláusula *rebus sic stantibus* se solicita la siguiente medida:

- Reducción de la renta en el siguiente importe: [IMPORTE].

Dicha medida se aplicará durante el siguiente periodo de tiempo: [PERIODO].

QUINTO.- Comunicación previa y negociación de buena fe

Esta parte envió un burofax a la demandada en fecha [FECHA]. Sin embargo, la demandada arrendadora ha roto las negociaciones iniciadas tras esa comunicación, sin alcanzar un acuerdo con mi mandante para la rebaja/suspensión del pago de la renta, motivo por el cual se ve obligada a iniciar este proceso judicial.

A los anteriores hechos le resultan de aplicación los siguientes,

FUNDAMENTOS DE DERECHO

I.- JURISDICCIÓN Y COMPETENCIA

Corresponde a la jurisdicción civil el conocimiento de la presente demanda de conformidad con el artículo 9 de la LOPJ y 45 de la LEC. Es competente objetiva y territorialmente el Juzgado de Primera Instancia de [LUGAR] de conformidad con el artículo 52.1.7 de la LEC.

II.- LEGITIMACIÓN

La demandante y demandada ostentan legitimación activa y pasiva respectivamente como titulares de la relación jurídica contractual de arrendamiento objeto de esta litis.

III.- CUANTÍA

La cuantía del presente procedimiento asciende a [IMPORTE] por ser la reducción de renta que se solicita y de conformidad con el artículo 251 de la LEC.

IV.- PROCEDIMIENTO

Corresponde la tramitación de esta demanda por los cauces del juicio [verbal/ordinario], de conformidad con el artículo 249.2/250.2 de la LEC, por [EXCEDER/NO EXCEDER] la cuantía de quince mil euros (15.000 €) **(1)**.

V.- POSTULACIÓN

Esta parte comparece representada por procurador y asistida por letrado de conformidad con los artículos 23 y 31 de la LEC.

VI.- FONDO DEL ASUNTO

Concurren en este caso las premisas necesarias para la aplicación de la cláusula *rebus sic stantibus* en los términos establecidos por el Tribunal Supremo en la **sentencia n.º 65/1997, de 10 de febrero, ECLI:ES:TS:1997:855**:

> «su admisión requiere como premisas fundamentales: a) una alteración extraordinaria de las circunstancias en el momento de cumplir el contrato en relación con las concurrentes al tiempo de su celebración; b) una desproporción exorbitante, fuera de toda cálculo, entre las prestaciones de las partes contratantes que verdaderamente derrumben el contrato por aniquilación del equilibrio de las prestaciones, y c) que todo ello acontezca por la sobreveniencia de circunstancias radicalmente imprevisibles».

Esta doctrina ha sido reiterada por el Alto Tribunal en diversas resoluciones como la **STS 1090/2004, de 12 de noviembre, ECLI:ES:TS:2004:7324** o más recientemente la **STS n.º 484/2022, de 15 de junio, ECLI:ES:TS:2022:2338**.

En cuanto a la imprevisibilidad de la circunstancia sobrevenida puntualiza la **STS n.º 156/2020, de 6 de marzo, ECLI:ES:TS:2020:791**, al declarar:

> «Y por supuesto, es preciso que tales circunstancias sobrevenidas fueran totalmente imprevisibles para los contratantes (sentencia del pleno 820/2012, de 17 de enero de 2013). Es condición necesaria para la aplicación de la regla 'rebus' la imprevisibilidad del cambio de circunstancias. Si las partes han asumido expresa o implícitamente el riesgo de que una circunstancia aconteciera o debieron asumirlo porque, en virtud de las circunstancias y/o naturaleza del contrato, tal riesgo era razonablemente previsible, no es posible apreciar la alteración sobrevenida que, por definición, implica lo no asunción del riesgo (recientemente sentencia 5/2019, de 9 de enero). No puede hablarse de alteración imprevisible cuando la misma se encuentra dentro de los riesgos normales del contrato (sentencias 333/2014, de 30 de junio, 64/2015, de 24 de febrero, y 477/2017, de 20 de julio, entre otras)'».

En el presente caso concurren las premisas de aplicación de la cláusula *rebus sic stantibus* por cuanto [ESPECIFICAR].

VII.-COSTAS

Las costas del presente procedimiento se impondrán a la demandada, de conformidad con el artículo 394 de la LEC.

Por lo expuesto,

AL JUZGADO SUPLICO:

Que tenga por presentado este escrito y los documentos que se acompañan, con sus copias, se sirva a admitirlos y, en su virtud, se admita a trámite por el letrado de la Administración de Justicia **la DEMANDA DE JUICIO** [VERBAL/ORDINARIO] frente a don/doña [DEMANDADA]. y, tras los trámites procesales oportunos, se dicte en su día sentencia por la que se acuerde:

1.º Declarar aplicable la cláusula *rebus sic stantibus* al contrato de arrendamiento [DE LOCAL DE NEGOCIO/INDUSTRIA].

2.º De conformidad con la aplicación de la cláusula anterior, acordar la reducción/suspensión de la renta a [IMPORTE] durante el siguiente periodo [PERIODO].

3.º Se impongan las costas a la demandada.

Es justicia que pido en [LOCALIDAD], a [FECHA].

Letrado D./D.ª   Procurador D./D.ª

[NOMBRE]   [NOMBRE]

---

(1) El RD-ley 6/2023, de 19 de diciembre, modifica los artículos 249 y 250 de la LEC con entrada en vigor el 20/03/2024. La cuantía mostrada en este formulario se corresponde con la versión vigente desde esa fecha.

Contestación a la demanda por la que se solicita la modificación contractual para la reducción/suspensión de la renta (cláusula *rebus sic stantibus*)

Procedimiento: Juicio ordinario/verbal

Número: [NÚMERO] / [AÑO]

AL JUZGADO DE PRIMERA INSTANCIA NÚMERO [NÚMERO] DE [LUGAR]

Don/Doña [NOMBRE PROCURADOR CLIENTE], procurador de los tribunales y de **don/doña** [NOMBRE CLIENTE] en virtud de poder [NOTARIAL / APUD ACTA] copia del cual acompañamos como documento n.º [NÚMERO], bajo la dirección letrada de **don/doña** [NOMBRE LETRADO CLIENTE], colegiado n.º [NÚMERO], por el ICA de [LUGAR], ante este Juzgado comparezco y, como mejor proceda en derecho,

DIGO

En fecha [FECHA] se nos ha notificado demanda interpuesta por don/doña [NOMBRE PARTE CONTRARIA] en la que se interesaba la aplicación de la cláusula *rebus sic stantibus* y en, tiempo y forma, venimos a formular **CONTESTACIÓN A LA DEMANDA** de conformidad con los siguientes,

HECHOS

PREVIO.- Se impugnan la totalidad de los esgrimidos de adverso con excepción de los que se reconozcan expresamente en la presente.

PRIMERO.- Conformes con el correlativo en relación a los datos expresados sobre el contrato de arrendamiento.

SEGUNDO.- Disconformes con el correlativo.

Por cuanto el contrato prevé una cláusula para el caso de que se produzcan contingencias en el mercado, de tal forma se asegura una renta mínima en el caso de una bajada en los beneficios del negocio. Por tanto, no estamos ante una circunstancia imprevisible, sino que el contrato había previsto esta posible situación.

A los anteriores hechos les son de aplicación los siguientes

FUNDAMENTOS DE DERECHO

PREVIO.- Se impugnan los de adverso con excepción de los que expresamente se adveren en la presente

I.- JURISDICCIÓN Y COMPETENCIA

Conformes con el correlativo en cuanto a la jurisdicción civil es la que debe conocer del presente procedimiento, de conformidad con lo dispuesto en los arts. 9, 21 y concordantes de la LOPJ.

Asimismo, sería competente el Juzgado al que me dirijo al ser el art. 52.1.7º de la Ley de enjuiciamiento civil (LEC).

II.- CAPACIDAD Y LEGITIMACIÓN

Conforme con el correlativo, en cuanto a la capacidad y legitimación de las partes, de conformidad con lo dispuesto en la LEC en sus arts. 6, 10 y concordantes.

III.- PROCEDIMIENTO

Conforme con el correlativo.

IV.- CUANTÍA

Conformes con el correlativo.

V.- POSTULACIÓN Y DEFENSA

Conforme con el correlativo en tanto en cuanto, por aplicación de lo dispuesto en la LEC en sus arts. 23 y 31, las partes deben comparecer representados por procurador y asistidos de letrado.

VI.- FONDO DEL ASUNTO

En primer lugar, señalar que el Tribunal Supremo ha señalado que para poder apreciar la cláusula *rebus sic stantibus* es preciso que la circunstancia sea imprevisible, Este presupuesto de imprevisibilidad no concurre en los casos en los contratos se haya establecido una cláusula para el acontecimiento alegado. Así lo ha señalado en la **sentencia n.º 19/2019, de 15 de enero, ECLI:ES:TS:2019:57**, en la que se razona para desestimar la aplicación de la cláusula:

> «Debe tenerse en cuenta que, si bien en las sentencias que cita el recurrente se aplicó con gran amplitud la regla 'rebus', con posterioridad esta sala ha descartado su aplicación cuando, en función de la asignación legal o contractual de los riesgos, fuera improcedente revisar o resolver el contrato.
>
> La introducción en el contrato de un sistema combinado de retribución, variable según ingresos junto a un mínimo garantizado, muestra precisamente que las partes tuvieron en cuenta que mediante la aplicación del porcentaje variable en función del nivel de ocupación del hotel era posible que no se alcanzase en todos los ejercicios a lo largo de la vida del contrato los ingresos mínimos para satisfacer al propietario arrendador. Esta previsión es perfectamente coherente con la celebración de un contrato en el que el arrendamiento iba a durar diecisiete años, a lo largo de los cuales previsiblemente el nivel de ingresos podía ser variable. La fijación de una renta mínima garantizada junto a una renta variable según ingresos demuestra, precisamente, que el riesgo de la disminución de ingresos quedaba a cargo de la arrendataria».

Por ello no procede en ningún caso la aplicación de la cláusula *rebus sic stantibus*.

En segundo lugar, el Tribunal Supremo establece ciertos requisitos que no se dan en este caso por cuanto:

El riesgo de descenso de beneficios o incluso pérdidas es inherente a los contratos de arrendamiento de industria o de local de negocio. Y en este sentido se pronuncian la **sentencia n.º 5/2019, de 9 de enero, ECLI:ES:TS:2019:13** al establecer que no procede la aplicación de la cláusula *rebus sic stantibus* en un contrato financiero en el que la inversión estaba vinculada directamente a la evolución del *net asset value* (NAV) o valor patrimonial neto del fondo subyacente porque entiende que el riesgo es implícito al contrato.

VII. COSTAS

En aplicación del art. 394.1 de la LEC, deberán imponerse las costas al demandante.

Por todo lo expuesto,

SUPLICO AL JUZGADO:

Que tenga por presentado este escrito, junto con sus copias y documentos adjuntos, los admita, les de la tramitación legal oportuna y, previos los trámites de rigor dicte sentencia por la que, DESESTIMANDO la demanda rectora, acuerde no resultar aplicable la cláusula *rebus sic stantibus,* condenando a la actora a las costas.

Con todo lo demás que sea procedente en derecho, y con expresa condena en costas a la adversa.

Por ser justicia que pido en [LUGAR] a [FECHA]

Letrado D./D.ª	Procurador D./D.ª
[NOMBRE]	[NOMBRE]

Contestación a demanda de resolución de contrato de arrendamiento uso distinto vivienda con reconvención (cláusula *rebus sic stantibus*)

Procedimiento: [ESPECIFICAR]

Número: [NÚMERO]

AL JUZGADO DE PRIMERA INSTANCIA NÚMERO [NÚMERO] DE [LUGAR]

Don/Doña [NOMBRE PROCURADOR CLIENTE], procurador/a de los tribunales y de **don/doña** [NOMBRE CLIENTE], en virtud de poder [NOTARIAL/APUD ACTA] copia del cual acompañamos como doc. n.º [NÚMERO], bajo la dirección letrada de **don/doña** [NOMBRE LETRADO CLIENTE], colegiado/a núm. [NÚMERO], por el ICA de [LUGAR], ante este juzgado comparezco y, como mejor proceda en derecho,

DIGO

En fecha [FECHA] se nos ha notificado demanda interpuesta por don/doña [NOMBRE PARTE CONTRARIA] en la que se interesaba la resolución del contrato de arrendamiento de uso distinto de vivienda y en, tiempo y forma, venimos a formular **CONTESTACIÓN A LA DEMANDA** de conformidad con los siguientes,

HECHOS

PREVIO.- Se impugnan la totalidad de los esgrimidos de adverso con excepción de los que se reconozcan expresamente en la presente.

PRIMERO.- Conformes con el correlativo en relación al contrato de arrendamiento de uso distinto de vivienda suscrito entre las partes en el que mi mandante desarrolla la actividad de [ESPECIFICAR].

SEGUNDO.- Conformes con el correlativo en relación con la falta de pago de la renta por parte de mi mandante (arrendataria) de las siguientes mensualidades:

[ESPECIFICAR]

TERCERO.- Disconformes con el relato de los hechos realizado de adverso en relación con las circunstancias que han motivado la falta de pago por parte de mi representada:

a. Situación sobrevenida e imprevisible

El 14 de marzo de 2020 el Gobierno de España declaró el estado de alarma mediante Real Decreto 463/2020 de 14 de marzo y ordenó el cierre de toda actividad no esencial.

Esta situación era absolutamente impensable a la fecha de contratación entre las partes pues se trata de una pandemia que no tiene precedentes en nuestra historia reciente.

b. Alteración extraordinaria de las circunstancias

Las medidas del Gobierno alteraron extraordinariamente las circunstancias de normalidad existentes previamente. El negocio de mi mandante registraba beneficios durante los tres años inmediatamente previos al 2020, según se acredita con las cuentas anuales que se aportan como documento n.º [NÚMERO].

Sin embargo, el cierre del negocio y las posteriores restricciones de movilidad en España han supuesto cuantiosas pérdidas que hacen inasumible la renta como se expondrá en el informe pericial.

c. Desaparición de la base del negocio. Desequilibrio entre las partes

El cierre del negocio durante [PERIODO] ha supuesto una desaparición de la base negocial del contrato.

Así mismo las restricciones posteriores de aforo y movilidad en todo el territorio nacional suponen un descenso cuantioso de ventas que impiden a mi mandante obtener un nivel mínimo de ingresos para afrontar los gastos de la actividad.

CUARTO.- Disconformes con el correlativo: en el presente caso no procede la resolución del contrato, en aplicación del principio de buena fe contractual y de la cláusula *rebus sic stantibus* como se dirá en los fundamentos jurídicos de esta contestación, así como en la demanda reconvencional.

A los anteriores hechos les son de aplicación los siguientes,

FUNDAMENTOS DE DERECHO

PREVIO.- Se impugnan los de adverso con excepción de los que expresamente se adveren en la presente.

PRIMERO.- JURISDICCIÓN Y COMPETENCIA

Conformes con el correlativo en cuanto a la jurisdicción civil, que es la que debe conocer del presente procedimiento, de conformidad con lo dispuesto en los **arts. 9, 21 y concordantes de la Ley Orgánica del Poder Judicial (LOPJ)**.

Asimismo, sería competente el juzgado al que me dirijo al ser el **art. 52.1.7.º de la Ley de Enjuiciamiento Civil (LEC)**.

SEGUNDO.- CAPACIDAD Y LEGITIMACIÓN

Conforme con el correlativo, en cuanto a la capacidad y legitimación de las partes, de conformidad con lo dispuesto en la LEC en sus **arts. 6, 10 y concordantes**.

TERCERO.- PROCEDIMIENTO

Conforme con el correlativo.

CUARTO.- CUANTÍA

Conformes con el correlativo.

QUINTO.- POSTULACIÓN Y DEFENSA

Conforme con el correlativo en tanto en cuanto, por aplicación de lo dispuesto en la LEC en sus **arts. 23 y 31**, las partes deben comparecer representadas por procurador y asistidas de letrado.

SEXTO.- FONDO DEL ASUNTO

Si bien el **artículo 27.2 a) de la Ley de Arrendamientos Urbanos** establece que el arrendador podrá resolver el contrato en los casos de falta de pago de la renta debe señalarse que en un caso como el que nos ocupa con las circunstancias acaecidas derivadas de la pandemia COVID-19 es inaplicable la resolución contractual:

• Debe aplicarse el principio de buena fe, de conformidad con los **artículos 7 y 1258 del Código Civil**:

    – **Artículo 7.1 del CC**: «*Los derechos deberán ejercitarse conforme a las exigencias de la buena fe*».

- **Artículo 1258 del CC**: «*Los contratos se perfeccionan por el mero consentimiento, y desde entonces obligan, no sólo al cumplimiento de lo expresamente pactado, sino también a todas las consecuencias que, según su naturaleza, sean conformes a la buena fe, al uso y a la ley*».

Cabe citar aquí la sentencia del Juzgado de Primera Instancia n.º 20 de Barcelona, n.º 1/2021, de 8 de enero. ECLI:ES:JPI:2021:1, en la que se puede leer que: «El fundamento de esta cláusula, que es de creación jurisprudencial, es el artículo 7.1 Cc que establece que los derechos deben ejercitarse conforme a las exigencias de la buena fe y el artículo 1.258 Cc que, al fijar las obligaciones de los contratos, establece que obligan, no solo "al *cumplimiento* de lo expresamente pactado, sino también a todas las consecuencias que, según su naturaleza, sean conformes a la buena fe, al uso y a la ley».

La **sentencia de la Audiencia Provincial de Madrid n.º 155/2024, de 22 de marzo, ECLI:ES:APM:2024:6055**, se pronuncia sobre la buena fe en el ámbito contractual, y recuerda que la misma conlleva un comportamiento que se ajuste a los criterios de honradez, justicia y lealtad:

«Es indudable que cuando el artículo 7.1 del Código Civil exige que el ejercicio de los derechos se haga conforme a las exigencias de la buena fe se ha abierto una vía para introducir los principios éticos y morales de una sociedad en el mundo de derecho y así la sentencia del Tribunal Supremo de 1 de marzo de 2001 mantiene que esta "Sala viene reiterando que la exigencia de ajustar el ejercicio de los derechos a las pautas de buena fe **constituye un principio informador de todo el ordenamiento jurídico que exige rechazar aquellas actitudes que no se ajustan al comportamiento honrado y justo** (S. 11 de diciembre de 1989). El ejercicio de los derechos conforme a las reglas o exigencias de la buena fe (artículo 7.1 del Código Civil, artículo 11.2 LOPJ y 247 de la Ley de Enjuiciamiento Civil 1/2000) equivale a sujetarse en su ejercicio a los imperativos éticos exigidos por la conciencia social y jurídica de un momento histórico determinado, imperativo inmanente en el ordenamiento positivo (Sentencias 4 marzo 1985, 5 julio 1989, 6 junio 1991). Implica la necesidad de tomar en cuenta los valores éticos de la honradez y la lealtad (Sentencias 21 septiembre de 1987, 8 marzo 1991, 11 mayo 1992, 29 febrero 2000), es decir los imperativos éticos que la conciencia social exige (Sentencia 11 mayo 1988)"».

• La resolución del contrato es excepcional en nuestro ordenamiento jurídico, en el que opera el principio general de conservación de los contratos, y en este sentido la **sentencia del Tribunal Supremo n.º 344/1994, de 20 de abril, ECLI:ES:TS:1994:2665**, ha considerado «ejercitable la facultad de resolución cuando existe un hecho obstativo que de modo absoluto, *definitivo* e irreformable impide el cumplimiento (sentencia de 22 de octubre de 1985 y las que cita), y cuando la prestación pactada no responde a la finalidad para cuya consecución se concertó el contrato, frustrándose la misma (sentencias de 3 de noviembre y 9 de diciembre de 1983, y 27 de octubre de 1986 y las que cita). Por eso es extravagante el recurso a la cláusula "*rebus sic stantibus*", si hay una frustración total del fin del contrato».

SÉPTIMO.- COSTAS

En aplicación del **art. 394.1 de la LEC**, deberán imponerse las costas al demandante.

Por todo lo expuesto,

SUPLICO AL JUZGADO:

Que tenga por presentado este escrito, junto con sus copias y documentos adjuntos, los admita, les de la tramitación legal oportuna y, previos los trámites de rigor dicte sentencia por la que, **DESESTIMANDO** la demanda rectora, declare improcedente la resolución de contrato solicitada en aplicación del artículo 27 de la Ley de Arrendamientos Urbanos, condenando a la actora a la condena en costas.

Por ser de justicia en [LUGAR], a [FECHA]

Letrado D./D.ª   Procurador D./D.ª

[NOMBRE]   [NOMBRE]

Al propio tiempo esta parte formula **DEMANDA DE RECONVENCIÓN** contra la demandante en la solicitud del pronunciamiento que en el suplico se concretará y que siguiendo las pautas establecidas en el **artículo 406 de la LEC**, se basa en los siguientes,

HECHOS

PRIMERO.- Se dan por reproducidos los relatados en el escrito de contestación que antecede, negándose todas y cada una de las alegaciones vertidas por la adversa en su escrito de demanda, salvo aquéllas que sean o hayan sido expresamente admitidas en el presente escrito.

SEGUNDO.- Se dan todos los presupuestos para la aplicación de la cláusula *rebus sic stantibus*:

a. Situación sobrevenida e imprevisible

El 14 de marzo de 2020 el Gobierno de España declaró el estado de alarma mediante Real Decreto 463/2020 de 14 de marzo y ordenó el cierre de toda actividad no esencial.

Esta situación era absolutamente impensable a la fecha de contratación entre las partes pues se trata de una pandemia que no tiene precedentes en nuestra historia reciente.

b. Alteración extraordinaria de las circunstancias

Las medidas del Gobierno alteraron extraordinariamente las circunstancias de normalidad existentes previamente. El negocio de mi mandante registraba beneficios durante los tres años inmediatamente previos al 2020, según se acredita con las cuentas anuales que se aportan como documento n.º [NÚMERO].

Sin embargo, el cierre del negocio y las posteriores restricciones de movilidad en España han supuesto cuantiosas pérdidas que hacen inasumibles la renta como se expondrá en el informe pericial.

c. Desaparición de la base del negocio. Desequilibrio entre las partes

El cierre del negocio durante [PERIODO] ha supuesto una desaparición de la base negocial del contrato.

Así mismo las restricciones posteriores de aforo y movilidad en todo el territorio nacional suponen un descenso cuantioso de ventas que impiden a mi mandante obtener un nivel mínimo de ingresos para afrontar los gastos de la actividad.

La anterior situación motivada por la pandemia COVID-19 ha causado importantes perjuicios económicos a la demandante, que no puede asumir la renta pactada inicialmente en el contrato.

En concreto, la demandante cerró el ejercicio económico [ESPECIFICAR AÑO] con unas pérdidas de [IMPORTE] que hacen inasumible la obligación económica principal del contrato.

Así lo justifica el informe pericial que se adjunta a esta demanda como documento n.º [NÚMERO].

Esta parte envió un burofax a la demandada en fecha [FECHA]. Sin embargo, la demandada arrendadora ha roto las negociaciones iniciadas tras esa comunicación, sin alcanzar un acuerdo con mi mandante para la rebaja/suspensión del pago de la renta, motivo por el cual se ve obligada a solicitar el auxilio judicial.

A los anteriores hechos le son de aplicación los siguientes,

FUNDAMENTOS DE DERECHO

PRIMERO.- JURISDICCIÓN Y COMPETENCIA

La jurisdicción civil es la que debe conocer del presente procedimiento, de conformidad con lo dispuesto en los arts. 9, 21 y concordantes de la Ley Orgánica del Poder Judicial (LOPJ).

Asimismo, sería competente el juzgado al que me dirijo al ser el art. 52.1.7.º de la Ley de Enjuiciamiento Civil (LEC).

SEGUNDO.- CAPACIDAD Y LEGITIMACIÓN

Ambas partes poseen capacidad y legitimación suficiente para ser parte en el presente procedimiento, de conformidad con lo dispuesto en la LEC en sus arts. 6,10 y concordantes.

TERCERO.- REPRESENTACIÓN

Las partes deberán comparecer por medio de procurador y asistidas de letrado, de conformidad con lo expuestos en los arts. 23 y 31 de la LEC, al ser la cuantía del procedimiento superior a 2.000 €.

CUARTO.- DEMANDA RECONVENCIONAL

Esta demanda reconvencional se formula de conformidad con lo establecido en los **artículos 406 y 438 de la LEC.**

QUINTO.- CUANTÍA EN LA DEMANDA RECONVENCIONAL

La cuantía de este procedimiento asciende a [NUMERO] euros, calculada conforme a lo dispuesto en el **art. 251.9.º de la Ley de Enjuiciamiento Civil.**

SEXTO.- CUESTIÓN DE FONDO

Procede la aplicación al presente supuesto de la cláusula *rebus sic stantibus*:

Esta cláusula puede definirse como una «figura de creación jurisprudencial que constituye una excepción al principio de obligatoriedad de los contratos regulado en el art. 1091 CC cuya aplicación permite modular las estipulaciones contractuales inicialmente pactadas por las partes como consecuencia de un acontecimiento sobrevenido e imprevisible y de determinadas circunstancias que provocan que el cumplimiento de un contrato devenga excesivamente oneroso o incluso inasumible para una de las partes» (**SAP de Barcelona n.º 255/2024, de 16 de abril, ECLI:ES:APB:2024:4464**).

Esta cláusula requiere como premisas fundamentales: «a) alteración extraordinaria de las circunstancias en el momento de cumplir con el contrato en relación con las concurrentes al tiempo de su celebración; b) una desproporción exorbitante, fuera de todo cálculo, entre las prestaciones de las partes contratantes que verdaderamente derrumben el contrato por aniquilación del equilibrio de las prestaciones, y c) que todo ello acontece por la sobreveniencia de circunstancias radicalmente imprevisibles». (STS n.º 65/1997, de 10 de febrero, ECLI:ES:TS:1997:855).

Se pronuncia en el mismo sentido la **sentencia del Tribunal Supremo n.º 591/2014, de 15 de octubre, ECLI:ES:TS:2014:5090.**

Confirma estos requisitos la **sentencia del Tribunal Supremo n.º 156/2020, de 6 de marzo, ECLI:ES:TS:2020:791,** al declarar:

> «Y por supuesto, es preciso que tales circunstancias sobrevenidas fueran totalmente imprevisibles para los contratantes [sentencia del pleno 820/2012, de 17 de enero de 2013]. Es condición necesaria para la aplicación de la regla *"rebus"* la imprevisibilidad del cambio de circunstancias. Si las partes han asumido expresa o implícitamente el riesgo de que una circunstancia aconteciera o debieron asumirlo porque, en virtud de las circunstancias y/o naturaleza del contrato, tal riesgo era razonablemente previsible, no es posible apreciar la alteración sobrevenida que, por definición, implica lo no asunción del riesgo (recientemente sentencia 5/2019, de 9 de enero). No puede hablarse de alteración imprevisible cuando la misma se encuentra dentro de los riesgos normales del contrato (sentencias 333/2014, de 30 de junio, 64/2015, de 24 de febrero, y 477/2017, de 20 de julio, entre otras)».

SÉPTIMO.- COSTAS

Se impondrán a la parte demandada de conformidad con el **artículo 394 de la LEC.**

Por todo ello,

SUPLICO AL JUZGADO:

Que teniendo por presentado este escrito, con los documentos y copias que se acompañan, los admita, les de la tramitación legal oportuna y, previo los trámites de rigor, dicte sentencia por la que ESTIMANDO la presente DEMANDA reconvencional, declare procedente la aplicación de la cláusula *rebus sic stantibus* acordando la modificación del contrato para adaptar la renta de la siguiente forma: reducción a [IMPORTE] durante [PERIODO DE TIEMPO] y **CONDENANDO** a la adversa a estar y pasar por tal declaración, con expresa imposición en costas a la misma.

Por ser justicia que pido en, [LUGAR], a [DÍA] de [MES] de [AÑO]

Letrado D./D.ª   Procurador D./D.ª

[NOMBRE]   [NOMBRE]

OTROSÍ DIGO: Siendo intención de esta parte cumplir con todos los requisitos legales, a tenor de lo previsto en el **artículo 231 de la Ley de Enjuiciamiento Civil,** se solicita se le diere traslado de cualquier defecto que adoleciere la presente demanda, para la inmediata subsanación de la misma.

SUPLICO AL JUZGADO:

Tenga por efectuada la anterior manifestación a los efectos oportunos

Por ser de Justicia, fecha y lugar *ut supra*.

Letrado D./D.ª   Procurador D./D.ª

[NOMBRE]   [NOMBRE]

Contestación a demanda de resolución de contrato de arrendamiento de industria con reconvención (cláusula *rebus sic stantibus*)

AL JUZGADO DE PRIMERA INSTANCIA NÚMERO [NÚMERO] **DE** [LUGAR]

Don/Doña [NOMBRE PROCURADOR CLIENTE], procurador de los tribunales y de **don/doña** [NOMBRE CLIENTE] en virtud de poder [NOTARIAL/APUD ACTA] copia del cual acompañamos como documento n.º [NÚMERO], bajo la dirección letrada de **don/doña** [NOMBRE LETRADO CLIENTE], colegiado n.º [NÚMERO], por el ICA de [LUGAR], ante este juzgado comparezco y, como mejor proceda en derecho,

DIGO

En fecha [FECHA] se nos ha notificado demanda interpuesta por don/doña [NOMBRE PARTE CONTRARIA] en la que se interesaba la resolución del contrato de arrendamiento de uso distinto de vivienda y en, tiempo y forma, venimos a formular **CONTESTACIÓN A LA DEMANDA** de conformidad con los siguientes,

HECHOS

PREVIO.- Se impugnan la totalidad de los esgrimidos de adverso con excepción de los que se reconozcan expresamente en la presente.

PRIMERO.- Conformes con el correlativo en relación al contrato de arrendamiento de industria suscrito entre las partes en el que mi mandante desarrolla la actividad de [ESPECIFICAR].

SEGUNDO.- Conformes con el correlativo en relación con la falta de pago de la renta por parte de mi mandante (arrendataria) de las siguientes mensualidades:

[ESPECIFICAR]

TERCERO.- Disconformes con el relato de los hechos realizado de adverso en relación con las circunstancias que han motivado la falta de pago por parte de mi representada (1):

a. Situación sobrevenida e imprevisible

El 14 de marzo de 2020 el Gobierno de España declaró el estado de alarma mediante Real Decreto 463/2020 de 14 de marzo y mediante la Orden SND/257/2020, de 19 de marzo ordenó el cierre de toda actividad de los establecimientos de alojamiento turístico.

Esta situación era absolutamente impensable a la fecha de contratación entre las partes pues se trata de una pandemia que no tiene precedentes en nuestra historia reciente.

b. Alteración extraordinaria de las circunstancias

Las medidas del Gobierno alteraron extraordinariamente las circunstancias de normalidad existentes previamente. El negocio de mi mandante registraba beneficios durante los tres años inmediatamente previos al 2020, según se acredita con las cuentas anuales que se aportan como documento n.º [NÚMERO].

Sin embargo, el cierre del negocio y las posteriores restricciones de movilidad en España han supuesto cuantiosas pérdidas que hacen inasumibles la renta como se expondrá en el informe pericial.

c. Desaparición de la base del negocio. Desequilibrio entre las partes

El cierre del negocio durante [PERIODO] ha supuesto una desaparición de la base negocial del contrato.

Las restricciones posteriores de aforo y movilidad en todo el territorio nacional suponen un descenso cuantioso de ventas que impiden a mi mandante obtener un nivel mínimo de ingresos para afrontar los gastos de la actividad.

Es destacable que el contrato suscrito entre las partes es un contrato de arrendamiento de industria, es decir, un contrato cuya finalidad es desarrollar el negocio que ha traspasado el arrendador al arrendatario. En este sentido, el negocio que desarrolla mi mandante se ve afectado de la misma forma que se vería afectado en caso de ser el arrendador quien lo explotase.

CUARTO.- Disconformes con el correlativo: en el presente caso no procede la resolución del contrato, en aplicación del principio de buena fe contractual y de la cláusula *rebus sic stantibus* como se dirá en los fundamentos jurídicos de esta contestación, así como en la demanda reconvencional.

A los anteriores hechos les son de aplicación los siguientes,

FUNDAMENTOS DE DERECHO

PREVIO.- Se impugnan los de adverso con excepción de los que expresamente se adveren en la presente.

PRIMERO.- JURISDICCIÓN Y COMPETENCIA

Conformes con el correlativo en cuanto a la jurisdicción civil es la que debe conocer del presente procedimiento, de conformidad con lo dispuesto en los arts. 9, 21 y concordantes de la Ley Orgánica del Poder Judicial (LOPJ)

Asimismo, sería competente el juzgado al que me dirijo al ser el **art. 52.1.7.º de la Ley de Enjuiciamiento Civil (LEC)**.

SEGUNDO.- CAPACIDAD Y LEGITIMACIÓN

Conforme con el correlativo, en cuanto a la capacidad y legitimación de las partes, de conformidad con lo dispuesto en la LEC en sus arts. 6, 10 y concordantes.

TERCERO.- PROCEDIMIENTO

Conforme con el correlativo.

CUARTO.- CUANTÍA

Conformes con el correlativo.

QUINTO.- POSTULACIÓN Y DEFENSA

Conforme con el correlativo en tanto en cuanto, por aplicación de lo dispuesto en la LEC en sus arts. 23 y 31, las partes deben comparecer representados por procurador y asistidos de letrado.

SEXTO.- FONDO DEL ASUNTO

El artículo 1556 del Código Civil y el artículo establece que el arrendador podrá resolver el contrato en los casos de falta de pago de la renta: «Si el arrendador o el arrendatario no cumplieren las obligaciones expresadas en los artículos anteriores, podrán pedir la rescisión del contrato y la indemnización de daños y perjuicios, o sólo esto último, dejando el contrato subsistente».

Por su parte el artículo 1555 del Código Civil dispone:

«El arrendatario está obligado:
1° A pagar el precio del arrendamiento en los términos convenidos».

No obstante, debe señalarse que en un caso como el que nos ocupa con las circunstancias acaecidas derivadas de la pandemia COVID-19 es inaplicable la resolución contractual resultando de aplicación el principio de buena fe de conformidad con los artículos 7 y 1258 del Código Civil:

- Artículo 7.1 del CC: Los derechos deberán ejercitarse conforme a las exigencias de la buena fe.

- Artículo 1258 del CC: Los contratos se perfeccionan por el mero consentimiento, y desde entonces obligan, no sólo al cumplimiento de lo expresamente pactado, sino también a todas las consecuencias que, según su naturaleza, sean conformes a la buena fe, al uso y a la ley.

STS n.° 466/2023, de 11 de abril, ECLI:ES:TS:2023:1304: «Ante esta situación, procede prever una regulación específica en línea con la cláusula *rebus sic stantibus*, de elaboración jurisprudencial, que permite la modulación o modificación de las obligaciones contractuales si concurren los requisitos exigidos: imprevisibilidad e inevitabilidad del riesgo derivado, excesiva onerosidad de la prestación debida y buena fe contractual».

SÉPTIMO.- COSTAS

En aplicación del art. 394.1 de la LEC, deberán imponerse las costas al demandante.

Por todo lo expuesto,

SUPLICO AL JUZGADO:

Que tenga por presentado este escrito, junto con sus copias y documentos adjuntos, los admita, les de la tramitación legal oportuna y, previos los trámites de rigor dicte sentencia por la que, DESESTIMANDO la demanda rectora, declare improcedente la resolución de contrato solicitada en aplicación del artículo 1556 del Código Civil, condenando a la actora a la condena en costas.

Por ser de justicia en [LUGAR] a [FECHA]

Letrado D./D.ª   Procurador D./D.ª

[NOMBRE]   [NOMBRE]

Al propio tiempo esta parte formula demanda de **RECONVENCIÓN** contra la demandante en la solicitud del pronunciamiento que en el suplico se concretará y que siguiendo las pautas establecidas en el **artículo 406 de la LEC** (2) y que se basa en los siguientes,

HECHOS

PRIMERO.- Se dan por reproducidas las efectuadas en el escrito de contestación que antecede, negándose todas y cada una de las alegaciones vertidas por la adversa en su escrito de demanda, salvo aquéllas que sean o hayan sido expresamente admitidas en el presente escrito.

SEGUNDO.- Se dan todos los presupuestos para la aplicación de la cláusula *rebus sic stantibus* (1):

a. Situación sobrevenida e imprevisible

El 14 de marzo de 2020 el Gobierno de España declaró el estado de alarma mediante Real Decreto 463/2020 de 14 de marzo y mediante la Orden SND/257/2020, de 19 de marzo ordenó el cierre de toda actividad esencial.

Esta situación era absolutamente impensable a la fecha de contratación entre las partes pues se trata de una pandemia que no tiene precedentes en nuestra historia reciente.

b. Alteración extraordinaria de las circunstancias

Las medidas del Gobierno alteraron extraordinariamente las circunstancias de normalidad existentes previamente. El negocio de mi mandante registraba beneficios durante los tres años inmediatamente previos al 2020, según se acredita con las cuentas anuales que se aportan como documento n.º [NÚMERO].

Sin embargo, el cierre del negocio y las posteriores restricciones de movilidad en España han supuesto cuantiosas pérdidas que hacen inasumibles la renta como se expondrá en el informe pericial.

c. Desaparición de la base del negocio. Desequilibrio entre las partes

El cierre del negocio durante [PERIODO] ha supuesto una desaparición de la base negocial del contrato.

Así mismo las restricciones posteriores de aforo y movilidad en todo el territorio nacional suponen un descenso cuantioso de ventas que impiden a mi mandante obtener un nivel mínimo de ingresos para afrontar los gastos de la actividad.

La anterior situación motivada por la pandemia COVID-19 ha causado importantes perjuicios económicos a la demandante, que no puede asumir la renta pactada inicialmente en el contrato.

En concreto, la demandante cerró el ejercicio económico 2020 con unas pérdidas de [IMPORTE] que hacen inasumible la obligación económica principal del contrato.

Así lo justifica el informe pericial que se adjunta a esta demanda como documento n.º [NÚMERO].

Esta parte envió un burofax 8documento n.º [NÚMERO]) a la demandada en fecha [FECHA]. Sin embargo, la demandada arrendadora ha roto las negociaciones iniciadas tras esa comunicación, sin alcanzar un acuerdo con mi mandante para la rebaja/suspensión del pago de la renta, motivo por el cual se ve obligada a iniciar este proceso judicial.

A los anteriores hechos le son de aplicación los siguientes,

FUNDAMENTOS DE DERECHO

PRIMERO.- JURISDICCIÓN Y COMPETENCIA

La jurisdicción civil es la que debe conocer del presente procedimiento, de conformidad con lo dispuesto en los arts. 9, 21 y concordantes de la Ley Orgánica del Poder Judicial (LOPJ).

Asimismo, sería competente el Juzgado al que me dirijo al ser el art. 52.1.7.º de la Ley de Enjuiciamiento Civil (LEC).

SEGUNDO.- CAPACIDAD Y LEGITIMACIÓN

Ambas partes poseen capacidad y legitimación suficiente para ser parte en el presente procedimiento, de conformidad con lo dispuesto en la LEC en sus arts. 6, 10 y concordantes.

TERCERO.- REPRESENTACIÓN

Conforme con el correlativo, las partes deberán comparecer por medio de procurador y asistidas de letrado, de conformidad con lo expuestos en los arts. 23 y 31 de la LEC.

CUARTO.- DEMANDA RECONVENCIONAL

Esta demanda reconvencional se formula de conformidad con lo establecido en el artículo 406 de la LEC **(2)**.

QUINTO.- CUANTÍA EN LA DEMANDA RECONVENCIONAL

La cuantía de este procedimiento asciende a [NUMERO] euros, calculada conforme a lo dispuesto en el art. 251.9.º de la Ley de Enjuiciamiento Civil.

SEXTO.- CUESTIÓN DE FONDO

Esta cláusula requiere como premisas fundamentales: «su admisión requiere como premisas fundamentales: a) una alteración extraordinaria de las circunstancias en el momento de cumplir el contrato en relación con las concurrentes al tiempo de su celebración; b) una desproporción exorbitante, fuera de toda cálculo, entre las prestaciones de las partes contratantes que verdaderamente derrumben el contrato por aniquilación del equilibrio de las prestaciones, y c) que todo ello acontezca por la sobreveniencia de circunstancias radicalmente imprevisibles» según la **STS n.º 65/1997, de 10 d febrero, ECLI:ES:TS:1997:855**.

Se pronuncia en el mismo sentido la **sentencia del Tribunal Supremo, n.º 591/2014, de 15 de octubre, ECLI:ES:TS:2014:5090**.

Añade la **sentencia del Tribunal Supremo n.º 156/2020, de 6 de marzo, ECLI:ES:TS:2020:791**, al declarar:

> «Y por supuesto, es preciso que tales circunstancias sobrevenidas fueran totalmente imprevisibles para los contratantes (sentencia del pleno 820/2012, de 17 de enero de 2013). Es condición necesaria para la aplicación de la regla 'rebus' la imprevisibilidad del cambio de circunstancias. Si las partes han asumido expresa o implícitamente el riesgo de que una circunstancia aconteciera o debieron asumirlo porque, en virtud de las circunstancias y/o naturaleza del contrato, tal riesgo era razonablemente previsible, no es posible apreciar la alteración sobrevenida que, por definición, implica lo no asunción del riesgo (recientemente sentencia 5/2019, de 9 de enero). No puede hablarse de alteración imprevisible cuando la misma se encuentra dentro de los riesgos normales del contrato (sentencias 333/2014, de 30 de junio, 64/2015, de 24 de febrero, y 477/2017, de 20 de julio, entre otras)'».

SÉPTIMO.- COSTAS

Se impondrán a la parte demandada de conformidad con el artículo 394 de la LEC.

Por todo ello,

SUPLICO AL JUZGADO:

Teniendo por presentado este escrito, con los documentos y copias que se acompañan, los admita, les de la tramitación legal oportuna y, previo los trámites de rigor, dicte sentencia por la que, ESTIMANDO la presente **DEMANDA** reconvencional, declare procedente la aplicación de la cláusula *rebus sic stantibus* acordando la modificación del contrato de arrendamiento de industria para adaptar la renta de la siguiente forma: reducción a [IMPORTE] durante [PERIODO DE TIEMPO] y CONDENANDO a la adversa a estar y pasar por tal declaración, con expresa imposición en costas a la misma.

Por ser justicia que pido en, [LUGAR] a [DÍA] de [MES] de [AÑO]

Letrado D./D.ª   Procurador D./D.ª

[NOMBRE]   [NOMBRE]

OTROSÍ DIGO: siendo intención de esta parte cumplir con todos los requisitos legales, a tenor de lo previsto en el artículo 231 de la Ley de Enjuiciamiento Civil, se solicita se le diere traslado de cualquier defecto que adoleciere la presente demanda, para la inmediata subsanación de la misma.

SUPLICO AL JUZGADO:

Tenga por efectuada la anterior manifestación a los efectos oportunos.

Por ser justicia que pido en fecha y lugar *ut supra*

<table>
<tr><td>Letrado D./D.ª</td><td>Procurador D./D.ª</td></tr>
<tr><td>[NOMBRE]</td><td>[NOMBRE]</td></tr>
</table>

---

(1) En este punto deben especificarse todas aquellas circunstancias que implican el cambio extraordinario, imprevisible y sobrevenido de las mismas. En este formulario hemos expuesto, como ejemplo, la situación de pandemia sufrida.

(2) En caso de que el proceso se tramite por el juicio verbal la reconvención se establece en el art. 438 de la LEC.